GartenEmotionen

Stephan Kirchner

GartenEmotionen

Phantasievolle Texte und Collagen
eines leidenschaftlichen Gärtners

Deutsche Verlags-Anstalt

Inhalt

Die Collagen von Stephan Kirchner

Vorwort

Gartenbücher sind heutzutage vorwiegend Bilderbücher, das Auge wird eher angesprochen als der Verstand. Ich bemühe mich mit diesem Büchlein, den Garten mehr vom Herzen als von der Pupille zu betrachten. Daher brauche ich keine Fotos. Trotzdem gibt es Bildhaftes. Es dreht sich weder darum, dass ich eine Art von Talent demonstrieren oder den Text anreichern möchte. Es sollen noch nicht einmal Illustrationen sein, sondern eher Hilfen für das Phantasieren um das Thema Garten.

Wie komme ich zu dieser Form und Technik der Darstellung? Das ist eine sehr persönliche Sache, die aber interessieren könnte. Ich kramte in alten Blocks und Papieren, Pappen und Zetteln, bis ich aus der Tiefe des Durcheinanders einen angegrauten Karton zog, der mit einer aufgeklebten und mit Schnipseln verkleisterten Vase dekoriert war. Das Ding war nicht schlecht. Ich empfing Impulse und Anregungen von diesem Nichts an Abbildung. Als ich mir selbst Schere, Kleister und Buntpapier besorgte, schaute ich mir noch wie im Nebenbei die Rückseite dieses Kartons an. Da stand geschrieben. Kirchner, Sexta 3A. Das Ding war also von mir. Es war über 50 Jahre vergessen, hatte 17 Umzüge mitgemacht und lag nun bei mir auf dem Tisch, um mich anzuregen und den Leser zu erfreuen. Die Abbildung hatte Wunderkraft, neue Collagen entstanden.

Wie komme ich zu meiner fanatischen Gartenbetrachtungsweise? Hier gibt es weniger Wunderzeichen. Ich arbeite noch nicht einmal richtig gern auf der Scholle. Häufig ist es zu hart oder zu matschig, häufig ist es zu windig oder zu heiß. Das Wetter ist ein ewiger Schicksalsschlag. Ab und an gelingt mir jedoch ein botanisches Wunder. Dann bin ich beglückt. Dieses Gefühl treibt mich zum Weitermachen. Über Jahrzehnte hinweg habe ich herumprobiert und experimentiert, habe für den schönsten Narzissengarten aller Zeiten Zwiebel um Zwiebel in die Erde gebohrt, die damals mit acht Meter Höhe allergrößte Vogelscheuche aufgestellt, merkwürdige längst vergessene Pflanzen gesucht und gepflanzt. Ich bin eher ein Experimentator als ein Gärtner. Getrieben wurde ich von der Neugierde, aber auch von einem mir antrainierten strengen Blick, auch über den fremden Gartenzaun. Und wer als junger Mann, weit vor dem breiteren Bewusstsein gartenhistorischer Betrachtungen, lieber die *Andeutungen über Landschaftsgärtnerei* des Fürsten Pückler-Muskau liest als Science-Fiction-Romane, der ist ab dann an den Garten für immer verloren.

Die Schürze des Gärtners

Es gibt Pedanten. Die sind überall ordentlich. Ich bekomme immer ein schlechtes Gewissen. Auch Gärten werden von Pedanten gepflegt: grüngewordene Akkuratesse. Jedoch sind Soldatenfriedhöfe als Gartenanlage auch immer von edelster Ordnung, und die sind nun weniger beglückend. Daraus nehme ich mir einen Freifahrtschein zu einer gewissen Schludrigkeit.

Zum Glück erhalten die Gartengeräte heutzutage vom Werk her schon scheußlich-grausame, bunte Farben, damit man sie im Garten schnell wiederfindet. Alles, was nicht an seinem Platz ist, wird im Herbst von mir im Schnellrundgang durch den Garten eingesammelt und weggeordnet. Zum Schluss des Gartenjahres wird meine Schürze an den Haken des Gartenhäuschens gehängt.

Für faule Gärtner wie für mich sind der Winter und das zeitige Frühjahr reine Rekonvaleszens-Zeit. Die Schwielen heilen ab. Die Rosendörnchen wachsen aus dem Fleisch. Man entwickelt sich wieder in Richtung Mensch. Diesjährig habe ich im Winter meinem Garten sehr deutlich mitgeteilt, dass ich zunächst Skifahren und dann noch zwei Wochen zu einem esoterischen Seminar reisen wollte: Also keine Zeit für Zuwendung. Der Garten gibt mir nie eine Antwort. Er entlässt mich wortlos.

Im Frühjahr komme ich zurück nach Hause, streife durch den gesamten Besitz, betrachte die Knospen und den Blattaustrieb, sehe mit Kummer, dass der Rasen mir anzeigt: »Kümmere dich um mich.« Mein Gartenjahr wird eröffnet.

Ich muss einflechten, dass ich einen gewissen Hang zum Formellen habe: Schlafen mit Schlafanzug. Zur Bank möglichst mit Krawatte, immer nur braune Schuhe zum Blazer, also etwas rückständig vielleicht. Und im Garten trägt der Gärtnersmann eine Schürze. Das sieht zum Ersten sehr profimäßig aus: Die Bäume verbiegen sich vielleicht, wenn ich an ihnen vorbeispaziere, und alles bekommt vor mir in der Schürze mehr Respekt: Wegen Sachverstands. Und zweitens finde ich mich darin genauso toll wie die Bayerin sich strafft und bedeutend wird, wenn sie sich in ihr Dirndlmieder klemmt.

Kleider machen Leute. Will man nahezu ein Profi-Gärtner werden, so braucht man eine Profi-Schürze. Zumindest dornenfest muss sie sein und voller Taschen mit reißfesten Lederecken. Die Schürze ist eigentlich das wichtigste Arbeitsgerät.

Wo ist nun meine Uniformschürze? Fast vergessen hängt sie außen an der Schuppentüre. Nun stelle man sich das mal vor: Fünf Monate heißt 500-mal Regen, 200-mal Sonnenschein, dreimal Schneeverwehungen, zweimal Sonnenstich. Und weiteres Wirken von natürlichen Säften und Kräften. Ist das überhaupt noch so etwas wie eine Schürze? Von Weitem kommt sie mir merkwürdig verzogen vor. Es sprießt eine rote Tulpe oben aus der Tasche. Tasche zwei weist so etwas wie eine Lö-

wenzahnkolonie auf in einer solchen Vorzüglichkeit, wie man sie sich so gern im Frühjahr auf das Vollkornbrot schnippelt. Tasche drei war immer schon ziemlich ausgebeutelt wegen meines Handy-Gerätes. Nichts Pflanzliches, sondern viel interessanter: zwischen meinem Bindedraht und dem vergessenen Hundeknochen liegt ein allerliebstes Nest. Vier Eier sind drin, eines ist etwas komisch. Wer will mir einen Kuckuck aufbinden? Die Schürze beginnt zu leben.

Habenwill

Meine Frau hat in fernen Gärten eine Errungenschaft entdeckt, die will sie auch haben. Es ist ein Strandkorb, ein Modell von der Küste. Wenn wir darüber nachdenken, so könnte solch ein Ding an den Zwischentagen ein wahres Sonnenplätzchen sein. Der Blick über die Hecke regt unseren Neid an, aber wir finden in Katalogen noch viel schönere Strandkorbexemplare. Wir sind beruhigt. Das Bestellen ist ja leicht gemacht, aber wo stellen wir dieses schöne Handwerksstück dann bloß auf? Es wird sich schon ein Eckchen finden. Wir vertrauen unserer weiteren Kreativität, damit Träume zur Realität werden. Wir werden angeregt durch bunte Bilder in Zeitungen und Katalogen, aber eben auch durch den Vergleichsblick in anderleuts grünes Reich. Auf einer kompletten Parzelle muss heutzutage einiges vorhanden sein. So die Buchsbaumkugeln, mindestens drei Englische Rosen, ein Teich, auch wenn er nur die Ausmaße einer Pfütze hat, eine Romantikecke mit Gartenbank, die Quadratmeter Intensivland für unsere Gesundheit durch eigenes Gemüse, Johannisbeerbüsche für die Marmelade. Wir halten uns viel im Garten auf; daher brauchen wir einen Sonnenschirm, eine Ecke als Sandkasten für die Kleinen, den Schlauchwagen für das professionelle Versorgen der Natur, vier Vogelkästen, einen für den Artenerhalt der

Fledermaus. Eine Schaukel mit Rutsche habe ich günstig beschaffen können. Die Blumenrabatte wird durch die formschöne Plastikabtrennung klar als Besonderheit vom Rasen separiert. Ein Niederschlagsmesser steht neben den traditionellen Rosenkugeln, ebenfalls auf Stäben. Eine Regentonne reicht nicht aus, denn wir wollen sehr gern die Nässe spendenden Regentage für Dürreperioden nutzen. Wir brauchen eine geringfügige Vergrößerung der Sitzecke; wenn Freunde zu uns kommen, dann ist es einfach zu eng. Meine Frau und Tochter träumen von der Hängematte, die im Kirschbaum hängen soll. Das geht in Ordnung, wenn ich zum fünfzigsten Geburtstag als gerechten Ausgleich meine Sonnenuhr auf Sandsteinsockel bekomme, seit Kinderjahren von mir erträumt.

Welches Problem bei dieser dynamischen Wunschkraft auftaucht, das kann erahnt werden. Wussten Sie, dass meine Frau ausgefallene Geraniensorten (18 Stück) sammelt? Und die Enkelkinder einen Verschlag mit zwei Häschen haben wollen? Dieses Jahr noch müssen wir uns einen neuen Grill anschaffen, aber diesmal ein echtes Profi-Exemplar. Bloß wohin damit? Wenn wir unseren rechten Nachbarn, die zwar so sonderbar sind, dass wir äußerst ungern mit ihnen sprechen, denen also vorschlügen, dass sie den Grill auch benutzen könnten, dann können wir ihn vielleicht dort parkieren? Die Nachbarn links haben auf ihrem Sitzplatz noch enorm viel Platz frei. Dorthin könnte man doch meine wertvolle Kollektion an Agapanthus stellen, die Pflanzen hätten endlich einmal Luft von allen Seiten! Für das bisschen Wässern zu bestimmten Zeiten hätten die Leute dann endlich auch einmal einen vornehmen Anblick. Und

wenn der schrullige Nachbar von gegenüber seinen viel zu großen Komposthaufen auf ein vernünftiges Maß reduzieren würde, dann könnten wir meine Töpfe mit den Edelreisern dort in den schönen Halbschatten stellen. Das ist ein idealer Standort, was dieser Mensch wohl verstehen müsste.

Gestern ging ich in mein Gartencenter. Bisher war ich immer mit randvollem Auto zurückgekehrt. Meine Frau stellte sich eine kleine Hütte vor, die wir an unseren Rasenmäherschuppen quasi anlehnen können. Es gab auch äußerst günstig große Folienplanen, mit denen die Essgruppe auf der Terrasse abgedeckt werden kann. Man muss einfach mehr für Ordnung und Großzügigkeit tun. Im Angebot waren noch einige exotische Büsche, die bei uns Akzente setzen. Im wirklichen Sonderangebot stand am Ausgang ein elektrischer Häcksler. Alles bekam ich ins Auto. So werde ich meine Gartenstrukturen astrein bewältigen. Das gibt Luft zum Atmen.

Nie mehr ohne Handbuch!

In dieser schrecklichen Zeit, in der man mehr und mehr auf Dienstpersonal verzichten muss, ja bereits schon selbst den Nagel in die Wand hämmert, in dieser Zeit wird das Personal möglichst durch helfende Maschinen ersetzt. Jede ist anders, jede ist ganz speziell. Für jede braucht man einen Kursus zum Ingenieur.

Im Garten wird geknattert und getost, geblasen aus großen Kanonen, geschreddert. Häufig ist der Hauptgrund wohl nur der, seinen Nachbarn zu ärgern. Ich selbst vermeide tunlichst jedes Maschinengeräusch, harke zum Beispiel lieber träumend stundenlang den Rasen ab, als die Blätter wegzupusten. Eine Handheckenschere ist mir tausendmal angenehmer als solch ein Elektrodings, das so speziell konstruiert wurde, dass man sich bei genau jeder dritten Nutzung das Elektrokabel durchschneidet. Und am allerliebsten würde ich in meinem Motorenhass frühmorgens im satten Tau eine edle Sichel durch die Wiese fahren lassen mit einem scharfen, zirpenden Geräusch. Mache ich das?

Mache ich nicht. Meine Wiese ist ein Rasen, und das Mähen funktioniert leider wirklich nur mit einem knatternden Maschinchen. Ein neuer, ruhigerer Rasenmäher soll mein Gemüt besänftigen. Aber anwerfen und einfach losmähen, das genügt bei Weitem nicht: Zuerst ist das 114-seitige Benutzerhandbuch durchzulesen. Aber Garten-Profis wie ich brauchen das nicht, denn die Maschinen sind ja heute idiotensicher quasi selbsterklärend beim Benutzen. Ich, voller Vertrauen in die moderne Technik, knattere optimistisch auf meinen Rasen los, gebe munter Gas (viel hilft viel), die erste Bahn ist geschafft, ich gebe noch mehr Gas (mehr hilft noch viel mehr) und nähere mich einer kleinen Böschung. Der Mäher kippt um. Ich stehe und staune das routierende Mähwerk an, wie es in wahnwitziger Drehung ohne den geringsten Widerstand fast zu einer Scheibe mutiert. Meine Hand umklammert den Bügel des Geräts, das Gas ist verklemmt. Das Drehding wird immer wilder, der Korpus bewegt sich nach oben: die Räder zuerst. Der Mäher schwebt, ich versuche, das Gerät zu Boden zu zwingen. Das Gas hat sich nun komplett verkeilt, aus dem Auspuff kommt ein Feuerstrahl. Der Mäher ist jetzt schon zwei Meter über dem Boden. Durch den Feuerschweif scheint sich eine Leistungsexplosion zu entwickeln. Das Ding macht einen weiteren Satz nach oben. Ich umklammere den Bügel fest mit beiden Händen: wir sind schon in Haushöhe.

Ein Handbuch würde jetzt wohl auch nichts mehr nützen. Reißt man die Benzinleitung in dieser Not aus dem Gerät? Beißt man den Schlauch einfach durch? Wie kann man den zum Hubschrauber verwandelten Rasenmäher bloß wieder zum eigentlichen Revier zurückpilotieren? Ist ein Looping möglich, selbst auf die Gefahr hin, dass der Mäher sich mit mir in den

Boden hineinbohrt? Lebensfragen gehen einem durch den Kopf, währenddessen mein Gerät mit mir auf den See zudriftet. Dort lasse ich mich einfach fallen, nicht ganz einfach für jemanden, dem es auf einem Zehn-Meter-Brett schon mulmig wird. Was tut man nicht alles, um sein Leben zu retten. Der Mäher fliegt weiter. Ich wische mir den Seetang aus den Augen. Jetzt ist das Biest am Horizont verschwunden. Haben Sie ihn vielleicht gesehen? Er ist rot mit gelben Streifen. Ein Handbuch habe ich noch: original eingeschweißt.

Der richtige Zeitpunkt

Nur wer in klinischen Verhältnissen lebt und dabei einen Garten wie ein Laboratorium führt, der kann eventuell den richtigen Zeitpunkt treffen: wenn man sich an empirische Erfahrungen hält. So braucht ein spezieller Keim 21 Tage lang 17 Grad Wärme, um sich zu entwickeln. Die Erfahrung sagt, was wann zu tun ist. Dieses wird aufgezeichnet in unzähligen Notizen seit Menschengedenken. Hier finden das Ausprobieren, das Entdecken und der Verstand ihren Ausdruck. Hier wird der rechte Zeitpunkt für gärtnerisches Handeln festgehalten.

Es gibt daneben den falschen Zeitpunkt. Und den eher juristischen Spezialausdruck der Unzeit. Dieses ist eine Art von Zustand, der derartig danebenliegt, dass eine Beurteilung nach Zeitkategorien sich vollkommen ausschließt. Auf den Garten übertragen etwa das Rasensäen auf eine noch verschneite Fläche. Es kann bei der Unzeit nicht mit rechten Dingen zugehen, und es wird nichts gelingen. Wenn es ein falscher Zeitpunkt war, so stellt man diesen häufig im Nachhinein fest: oft dann, wenn entgegen menschlichem Ermessen etwas missglückt ist.

Unser Garten ist kein Labor. Wir haben es häufig mit wechselnden und unbeherrschbaren Bedingungen zu tun wie plötzlichem Wind, unerwartetem Hagel und Schnee im Mai. Wir müssen daher beide Augen zukneifen und optimistisch losgärtnern: Es soll schon klappen. Wir haben unsere eigene Erfahrung und persönliche Empirie. Und unzählige Zeitschriften und Bücher nehmen uns hilfreich an die Hand, sodass wir den Walnussbaum nur im August, die Forsythie nur nach der Blüte schneiden: am entsprechenden Zeitpunkt, der durch den Rhythmus des Naturgeschehens vorgegeben ist.

Manchmal entscheidet die Zunge. In Vermont habe ich mir mal angesehen, wie sich die täglichen Ahornsirupsäfte unterscheiden. Im Januar kommt wasserklarer Saft, der sich im Laufe des Februar dunkler einfärbt und im Zuge des März wieder wässerig wird. So schmeckt der Ahornsirup vom Januar vollkommen anders das der vom März. Der wahre Höchstgeschmack entwickelt sich nur zum richtigen Zeitpunkt und der ist häufig klein wie ein Punkt.

Wer an Geister glaubt, der hat noch andere Zeitgeschehnisse im Gartenleben. Mondholz, also das bei abnehmendem Mond geschlagene Holz, soll bessere Qualitäten haben als das andere (was aber wissenschaftlich im Detail umstritten ist). Die Aussaat soll bei den Geisterexperten auch nur nach Mondphasen durchgerührt werden: nach Stand der Himmelskräfte. Die Erdkräfte mit ihren eigenen Wechseln wie Jahreszeiten im Großen bestehen auch im Kleinen wie die Abfolge von Ebbe und Flut. Sie haben einen großen Einfluss auf die Kreatur. Nur den Küstenbewohnern ist recht vertraut, dass der Geburtszeitpunkt von Mensch und Tier fast exakt nach dem Flutkalender vorbestimmt ist. Das Nehmen und Geben, Kommen und Gehen vollzieht

sich im Wechselspiel der Natur. Der richtige Zeitpunkt für die gärtnerische Tat kann von den nicht immer offensichtlichen Naturkräften vorgegeben sein. Umso mehr man weiß und die Natur versteht, desto erfolgreicher wird man bei der Gartenarbeit sein. So beispielsweise das Düngen vor dem Regen, damit das Substrat voller aufgenommen werden kann. Heutzutage steht bei uns nicht mehr so sehr im Vordergrund, dass die Kartoffel schön dick und der Kohl wie ein Mannskopf groß werden. Eher besorgt uns das zaghafte Anwachsen der Frühjahrssaaten oder das zögerliche Blühen der Rose.

Wir müssen in großen Zeitläufen über das Jahr hinweg denken aber ebenso an den Einzeltag. Wir Menschen wollen natürlich gern unsere Grenzen und somit die Natur überlisten und durchkreuzen gern alle natürlichen zeitlichen Abfolgen. Am Namenstag der heiligen Barbara (4. Dezember) werden Kirschzweige geschnitten, um sie bis zum Weihnachtstag im Haus mäßig temperiert zur Blüte zu treiben. Hyazinthen werden künstlich im Sommer gekühlt, um ihnen eine Winterphase vorzutäuschen, damit sie dann im eigentlichen Winter auf dem Wasserglase im Hause erblühen. Wer sagt »keine Zeit«, der hat das Problem des richtigen Zeitpunkts nicht. Diese Auseinandersetzung gehört zu den täglichen Anforderungen von Gartenkultur.

Salbenwunder

Auf den Gütern gab es früher ganz wunderbare Salben, mit denen man die Gewehre reinigte, Hühneraugen entfernte, den Hunden Wurmkuren verabreichte und selbst als Pomade vollbrachte das Mittelchen Wunder auf kahlsten Stellen. Meine Frau hat auch solch eine Geheimwaffe, eingepackt in ein ziemlich teuer aussehendes Goldkartönchen, bedruckt mit original französischen Buchstaben: Das soll Hilfe sein gegen Falten, Furchen, Fältchen und zerknitterte Haut. Schön speckig-lecker sieht meine Frau nach ihrer Intensivbalsamierung aus. Wohl ein Wundermittel.

Ich bin ein sparsamer Gärtner, der mit dem Herzen an Altbewährtem hängt. So auch an meiner Gartenschere. Diese ist nicht das allseits bekannte Schweizer Qualitätsprodukt, für das man jedes einzelne Schräubchen nachbestellen kann. Stammt wohl aus Italien, primitiv gegossen, hat einen Feststeller, der eigentlich eine Fehlkonstruktion ist, weil ich mich immer daran klemme. Und das Gerät ist farblich eisenbraun, also absolut ideal dafür, es im Garten zu vergessen und zu übersehen. Noch besitze ich diese Schere. Das Rosenbeet soll gepflegt werden. Wenn man nun die Schere richtig gelenkig machen will, muss Fett her. Ich

Warten

erinnere mich an das Wunderdöschen meiner Frau. Ein kleines Pröbchen aus der Dose kann ihr wohl kaum auffallen. Das Ergebnis sieht nicht schlecht aus: Schönes, matt schimmerndes, etwas glänzendes, grundehrliches Metall. Der Schnitt geht flotter, das Quietschen ist vorbei. Jeder Schnitt ist ein Genuss. Das große Rosenbeet ist in Nullkommanix durchgearbeitet. Die Äuglein der Rosen blinzeln mich an. Gartenarbeit, wie sie sein soll. Gärtner und Garten verschmelzen in Glückseligkeit.

Immer zum Geburtstag meiner Frau im Juni, fast genau auf den Tag, blühen bei uns die Rosen richtig auf. Diesjährig geschieht ein Wunder: Die roten, die weißen, die orangen und purpurnen – alle Rosen glühen golden! Irgendwie muss sich eine Farbtransplantation von Creme über Schere zur Rose zugetragen haben.

In diesem Herbst mache ich einen neuen Versuch mit einer blauen Rasiercreme; denn blaue Rosen wollte ich eigentlich schon immer haben.

Träume vom Garteneinkaufsparadies

Es kann sehr beglückend sein, nur einen kleinen Garten mit 150 Quadratmetern zu Eigen zu haben. Bei uns wird nicht weiträumig, aber intensivst gegärtnert. Meine Frau ist eine Staudensüchtige, bei der es immerzu teppichartig blüht. Und nie zufrieden. Jetzt soll die Vertikale mehr betont werden. Rittersporne müssen her. Ich bin mit allem einverstanden, habe dazu sogar einen Informationsvorsprung; denn der Supermarkt in unserer Nähe hatte gestern noch ein paar zwar leicht angetrocknete, aber extrem billige Exemplare draußen vor der Tür. Wie immer, weit gefehlt mit meinem Gartenvorschlag. Meine Frau holt drei Kataloge herbei und ein Ritterspornspezialbuch und liest vor: samtig-blau, frühlingshimmelblau, zartes Blaupuder, im Blau einer wahren Gartenkönigin, ein echtes strahlendes Ritterspornblau. Die Texte der Kataloge müssen Leute sonntags gemacht haben, die alltags die Weine beschreiben. Kataloge helfen nicht weiter, es muss der Augenschein her zur Entscheidung. Drei Möglichkeiten gibt es. Wir fahren nach Potsdam-Bornim zum Urvater aller Rittersporne, wir fahren nach Solingen oder wir fahren nach Darmstadt. Alles ein ziemlicher Aufwand, aber das sind ja Entscheidungen beinahe wie Adoption. Und wie bei

Kindern kommt es auf Klasse und Erziehung an. Hier hat der Adel eindeutig einen jahrtausendelangen Erfahrungsvorsprung. Wir fahren also nach Darmstadt, wo in der Nähe die Gräfin Hohenstein ihre traditionsreiche Staudenfirma betreibt. Dort wird sicher prima geschult, die Pflanzen werden einem bestimmt mit einer exakten Grunderziehung übergeben: »Blüh dein blaustes Blau, recke dich in die Höhen der Lüfte.« So wird es sein; denn schließlich handelt es sich um eine wahre Gräfin.

Es ist ein prima Gelände, auf dem auffallend viele junge Leute herumlaufen zwischen blühenden Pulks und viel Grün mit noch mehr Zettelchen. Kommunikativ komme ich mit einigen ins Gespräch. Ein junger Mann, wohl ein Schotte, erklärt mir, dass es eine große Ehre sei, hier ein Praktikum machen zu dürfen, die Ehre und der Ruhm würden automatisch die eigenen Papiere veredeln. Und es käme überhaupt nicht darauf an, hier irgendetwas zu verdienen, im Gegenteil, ihn käme das ziemlich teuer, aber er muss an seine Karriere denken. So läuft das hier also, das merkte ich mir.

Meine Frau geht nicht zur Sekretärin, wenn sie sich bei einer Firma beschweren will, etwas Wichtiges erreichen will, wenn sie etwas Persönliches regeln will. Immer nur Chefbedienung kommt für sie infrage. Hier wurde also Gräfinnenservice verlangt. Wir finden an einem Gartenplatz eine bessere Hütte. Dort sitzt eine wunderliche Gestalt, sehr dünn, fast hager. Sie hat einen groben Webrock an. Ihre Schuhfarbe korrespondiert mit dem auffälligen Leibgürtel, dem Rotbraun ihrer kräftigen Brille und dem Schmuckkamm ihres Dutts. Siegelring auch passend in Form und Farbe. Das müsste sie sein. Es sieht wenig profimäßig in Richtung Garten aus, mehr in Richtung Gräfin: Zwei Katzen lungern herum, auf dem Tisch Preislisten und eine hochmoderne Kasse, aber keine Kataloge, keine Hinweise auf Chelsea-Ausstellungen, keine Preisurkunden an der Wand, stattdessen drei blanke Silberrahmen mit zwei Jungens (wohl Söhnen, man erkennt sie am Siegelring) und schwarzen Katzen darauf. Es scheint ungewöhnlich zu sein, dass wir direkt die Gräfin ansprechen, denn sie scheint sich träumend bei ihren Katzen und Jungs aufzuhalten. Auf Gräfin reagiert sie nicht, es funkeln ihre Brillengläser, warnend und blitzend. Und widerstrebend murmelnd, dass sie keine Gräfin sei, sondern von Schüler hieße. Liegt nun eine Täuschung vor? Mit wenigen Satzbrocken wird uns erklärt, dass die Gräfin die Urgroßmutter gewesen sei, die Gründerin des Betriebs. Sie habe nur das Erbe angenommen und von Pflanzen überhaupt keine Ahnung, denn sie wäre eher geistig interessiert, mit dem Erdigen und Bodennahen hätte sie überhaupt nichts im Sinn (man sah ihr förmlich an, wie widerlich das wohl für sie ist). Eher Hebbel-Forschung und Güter von Mecklenburg-Vorpommern. Meine Frau war natürlich enttäuscht; denn mit gräflich erzogenen Pflanzen konnte sie nun nicht mehr rechnen. Wir sollten uns an Fachkräfte dieser Staudengärtnerei halten, hier seien alle Mitarbeiter erstklassig, ganz im Sinne der Uroma. Weil meine Frau ganz gut Englisch spricht und der junge Kerl auf sie einen merkwürdig positiven Eindruck gemacht hatte (Glitzern im Auge), machten wir uns auf zu dem Schotten. Wie es sich gehört, nahmen wir die große Karre mit auf den Weg durch die grünen Reihen. Und das für sechs Rittersporne? Haben Sie schon einmal vor zwölf verschiedenen, fast gleichen

U53398648661
NARODOWY BANK POLSKI 10
DZIESIĘĆ ZŁOTYCH
NBP
01331599394

Pflanzen gestanden und müssen sich entscheiden, und das ohne einen Würfel parat zu haben? Diese Situation mündete in eine Diskussion, die ich zehn Minuten mit nachlassendem Interesse mitverfolgte. Ich steckte mir ein Zigarettchen an. Schottischer Verweis, deutsches Folgen: Auch die Pflanzen rauchen mit und so musste ich nach draußen auf den Parkplatz. Ich gab meiner Frau noch kurz das Portemonnaie, das konnte sie doch wohl allein regeln. Ich blinzelte mit meiner Zigarette freundlich in die Parkplatzsonne. Es war angenehm frühsommerlich. Ich rauchte eine zweite. Meine Frau kam nicht. Eine dritte rauchen? So wird man quasi in die Sucht getrieben, wenn man vor Blumen- und anderen Läden wartet. Ich holte sie also ab. Ich fand sie vor der Hütte mit den drei Katzen. Es schien eine verzweifelnde Situation zu sein. Meine Frau hatte ein anderes Glitzern im Auge, es war leicht feucht. Das adlige Gespräch gipfelte schroff und herb. »Wenn Sie den Betrag nicht dabei haben, dann ...« Ich warf mich in das Geschehen, denn offensichtlich hatte – wie optisch an der übervollen Karre sichtbar – die Gattin die Chance der Stunde genutzt, um alle unsere einfachen Gewächse zu Hause künftig durch gräfliche zu ersetzen. Der Wagen war übervoll, die Gummireifen mit der Tendenz zum Platzen. Und nun zu wenig Bargeld. Kein Problem für mich. Ich zücke meine feine goldene American-Express-Card, die auch unpoliert funkelt, dass sie selbst zwischen all den Blumen strahlt. Die Katzen fahren die Krallen aus: »So etwas nehmen wir nicht, wir arbeiten nur mit Bargeld.« (So geht das hier, das merke ich mir.) Ich bin froh, die Karte zurückerhalten zu haben. Manche Ordnungsfanatiker fangen ja plötzlich an, fremde Karten mit der Schere zu zerschnipseln. Was tun? Die Oberkatze hat am Gürtel eine große braune Geldbörse (eher Ledersack), öffnet und schließt nervös den Reißverschluss und bemerkt, dass wir den Betrieb aufhalten. Also nicht Computerkasse, sondern Geldsack und Matratze, das merke ich mir. Nicht nur die Frau von Schüler wird ungeduldig, von hinten drängen weitere Kunden. Was tun, wenn man nicht alles bezahlen kann? Ganz einfach, dann müssen wir etwas zurücklassen. Unsere nachfolgenden Kunden schauen sich unsere Staudenselektion an, schnappen sich davon acht Töpfe, werfen der Katze da Geld entgegen, das in die Tiefen des Säckchens raschelt, und verschwinden.

Ich ahne es: Es waren die Rittersporne. Wir ziehen mit dem Rest nach Hause, immerhin zentnerschwer. Und morgen soll gepflanzt werden. Vielleicht sollte ich noch mal beim Laden um die Ecke vorbeigehen. Vielleicht sind die Verreckerle noch da? Und mit etwas royal-blauer Tinte im Gießwasser müsste man dann doch ein königliches Hochadels-Blau den Blüten anerziehen können.

Geschwindigkeit und Sport in der Natur

Den Gartenfreund wird es inzwischen langweilen, wenn ich meinen Erfahrungsbericht mit meiner Frau als Quell der Erkenntnis immer wieder neu vortrage. Jedoch in den Tiefen der menschlichen Regungen entwickeln sich brennende Fragen nach dem Wesen der Natur.

Konkret ist geschehen, dass ich mit meiner Frau eine frühlingshafte Fahrradpartie durch die bayrische Voralpenwelt machte bei bestem Wetter, in freundlicher Stimmung, in differenziertestem Grün auf ein erhabenes Ziel hin: das Maibaumaufstellen. Nach einer dreiviertel Stunde mächtigen Getretes, schon kurz vor dem Schweiß, machte die voranstrampelnde gnädige Frau ein Päuslein und fragte mich ernsthaft, ob dies nicht eine wunderschöne Fahrt sei. Ich knurrte ihr entgegen, dass mir alles viel zu schnell ginge und ich mich bei der Raserei auf nichts konzentrieren könne: weder auf irgendein Naturdetail, auf keinerlei Perspektive, auf keinen Aus- oder Durchblick, noch auf die Landschaft. Sie als ehrgeizige Sportlerin hat das wohl bis heute noch nicht so recht nachempfinden können, dass für mich ein An-der-frischen-Luft-Sein noch längst keinen Aufenthalt bei Mutter Natur bedeutet. Das Draußen zu durcheilen heißt noch lange nicht, dort angekommen zu sein. Die Natur zu durchfliegen, heißt noch längst nicht, sie zu berühren. Wird das heute überhaupt noch gewünscht?

Das Cruisen im Auto gilt als Entspannungsübung. Die Landschaft bewegt sich so dahin. Das Radeln ist mittlerweile ein vielgängiges Vorwärts-Streben, möglichst im Höllentempo durchgezogen, und möglichst ohne Schutzblech oder gar Klingel, um durch geringstes Leistungsgewicht auch wirklich schnell sein zu können. Neulich hat eine Radlerin meinen Hund überfahren, der an der Leine neben mir auf dem Fußweg lief. Hund zäh und heil, Radlerin wurde zur Weitfliegerin: ein Naturerlebnis.

Aus dem Spazierengehen wird inzwischen ein Joggen. Sind Sie schon einmal an einem harmlosen Tag um die Hamburger Außenalster spaziert, um das Gewässer, die Parks, das Bilderbuchpanorama zu genießen? All die schönen Hamburger boten einen grässlichen Anblick; denn haben Sie wirklich jemals schon einen lächelnden Jogger gesehen? Die Individualität formt sich zu einer grellen Standardkleidung in Plastikgewebe. Der Wunsch, sich freizulaufen, den Kreislauf positiv zu stimulieren, etwas Gutes für den Körper zu tun, dieser Wunsch erreicht das Gemüt nicht mehr, weil der Körper im Vordergrund steht. Die Antlitze der Sportläufer sind häufig schrecklich verzerrt und keineswegs glücklich entspannt. Die Bewegung draußen findet nur noch statt, weil dort mehr Platz ist. Ich habe erfahren, dass die Laufleistung im monotonen Voranlaufen umso leichter fällt, desto langweiliger und gleichförmiger die Strecke ist. Der Jogger ist vorrangig an seinem eigenen Körperlichen und weniger an der Berührung mit der Außenwelt interessiert. Bei der Qual und der Geschwindigkeit ist mehr als eine äußerst flüchtige Betrachtung kaum noch möglich, schließlich muss der trabende Verkehr berücksichtigt werden. Und mit diesen Anstrengungen trennt man seinen Leib von der umgebenen Natur. Möglicherweise erlebt man meditative Glücksmomente, das hat aber vorrangig mit den Drüsenfunktionen zu tun wie ein Alkoholkick, weniger mit dem Genuss der Sinne.

Der wirkliche Natur- und Lebensgenießer schnuppert sicher im Gegensatz zu dem modischen Geschehen auch nicht an jeder Blume, umarmt kräfteüberströmend auch nicht jeden Baum, zerreibt auch nicht riechend die entdeckten Kräuter am Wegesrand. Aber er bemerkt sehr wohl den Wind und Sturm (immer von vorn), die Kälte, den Hagel (von vorn und hinten) und das Brennen der Sonne. Man nimmt die zarten Stimmen ferner Vögel, das Plätschern des Bachs, das Knirschen unter den Füßen, den Hauch aus einer dunklen Partie des Waldes auf. Und in diesem feineren Empfinden erlebt man, was Theodor Fontane in seinem *Stechlin* schreibt: »Sie fröstelte. Zugleich aber kam ihr ein Gefühl des Lebens.«

Völkerverständigung

Wer kennt sie nicht: die Marmeladenbrote am Frühstückstisch von brummenden Wesen umflogen? Wer hat sie nicht: Die Angst, auf der Terrasse ins Wurstbrot zu beißen – es könnte ja eine Wespe sich von unten festgesetzt haben? Wer hat nicht auch die Furcht, im Garten aus der Bierflasche zu trinken, mit einem Schluck hat man womöglich ein stechendes Vieh im Hals! Das Draußen birgt also Gefahren. Ich habe Angst davor.

Eines schönes Herbsttages schlenderte ich durch meinen kleinen Obstgarten und bemerke voller Interesse, einem Naturforscher gleich, wie aus einem Bodenlöchlein ununterbrochen Wespen ein- und ausflogen. Was dort im Boden geschah, das konnte ich nicht ermitteln. Im Loch herumzustochern, war mir wegen des emsigen Flugbetriebs dann doch zu brisant. Ich hatte aber die Hoffnung, mit einem Schlag alle meine Probleme beseitigen zu können, wenn ich nur diese dort konzentriert befindlichen Biester eleminieren konnte. Am frühen Abend beruhigte sich der Flugverkehr. Und ich als heller Kopf errichtete über diesem Loch einen Scheiterhaufen und brannte über Stunden große Mengen an Holz ab. Die Kohle- und Glutschicht war schon sehr beträchtlich, man hätte einen Ochsen darauf grillen können. Das war mir prima gelungen. Die Hitzestrahlung ins Erdreich hinein muss enorm gewesen sein. Das war beinahe Bodenverflüssigung.

Am andern Morgen war der Haufen noch heiß. Dämpfe entwichen daraus. Es war der reine Ort der Verwüstung. Ich betrachtete das ganz genau, man will ja mit seiner Leistung gern sich selbst glänzen sehen. Friede war auf meinem Grundstück wiederhergestellt. Unbeschwertes Gartenleben konnte sich einstellen. Ich nahm ein Stöcklein, stocherte in dem Haufen an Asche und Holzresten herum: Ziemlich überzeugend meine Vernichtungsarbeit. Aber ganz ohne mein Zutun schien die Asche sich leicht zu bewegen. Und ohne mein Zutun mit einer unerklärlichen eigenen Kraft schüttelte ein Wespenwesen den Staub und die Reste des Massakers ab, drehte die Flügel und erhob sich in die Lüfte. Das war ja interessant. Interessant war es noch bei der sechsten Wespe. Die siebente jedoch, das muss eine Oberwespe gewesen sein, die flog nicht in die Lüfte, sondern direkt auf mich zu, dann alle weiteren bis auf die vielleicht fünfhundertste. Was machen Sie da, wenn eine solche Invasion direkt Sie als Ziel nimmt? Und das ohne Vorwarnung in dem festen Glauben, alle Wespen hätten das Zeitliche gesegnet? Die Biester mussten sich abgesprochen haben, reine Völkerverständigung war das.

Ich hatte nicht viel Zeit zu überlegen. Mit einer Geschwindigkeit, die für mich niemals möglich erschien, rannte ich ein Stück und bemerkte, dass die Wespen schneller waren als ich. Unzählige hatten sich an mir festgesetzt. In Lebensangst wird man clever. Ich warf mich in meinen Gartenteich, und das gleich

mit dem Kopf unter Wasser. Wer nun aber meint, Wespen seien keine Wassertiere, weit weniger gefährlich als Haie, der irrt. Die Biester hatten sich fest an meinem Körper geklammert und waren sogar in der Lage, unter Wasser auf mich einzustechen. Ist das nicht interessant, allein vom Biologischen her? Irgendwann ließ die überwiegende Zahl von mir ab, ich torkelte wie der berühmte Pudel ins Haus, warf mich auf den Boden und ganze 74 Stiche wurden an mir gezählt. Das musste natürlich sofort medizinisch hochdosiert behandelt werden. Ich leide heute noch in Gedanken an mein Elend: In irgendeiner Form von Gesamtkörperschwellung vollzog sich der Ablauf. Ich bin seitdem nicht mehr dorthin gegangen, denn die Biester lauern sicher noch immer auf mich und sinnen auf Rache. Zwei Lehren habe ich daraus gezogen: Die Wespen unterhalten sich offensichtlich blitzschnell und sehr effizient. Eine Strategie, mich bei meinen Wespen wieder einzuschmeicheln, die habe ich nicht. Ich kann sie doch nicht etwa streicheln?

Verschollen im Baum

Nachdem ich Landflüchter auch mitten in München wohne, kann die Isar so blau, der Biergarten so süffig, die Stadt noch so anheimelnd sein. Ich vermisse etwas. Im Winter stelle ich die Hyazinthengläser ans Fenster, schneide Kirschzweige zu Sankt Barbara heimlich im Park, damit sie weihnachtlich in der Vase erblühen. Mein Herz zieht mich trotz schönster Wohnung zur Natur. Ein Balkon kann für den Freund der Pflanze ein Tummelplatz der Experimente und beinah ein Album des schönsten Blumensammelsuriums sein. Aber Kartoffeln? Oder Johannisbeersträucher und Gelee davon? Im Sommer direkt auf einem Stück Rasen liegen und in die Sonne blinzeln, und Vogelbiester von den knackigen Knupperkirschen verjagen? Im Herbst die dickbackigen Äpfel direkt vom Baum verkosten, aus den kleinen Miniäpfelchen im November lange Girlanden für die Adventszeit basteln? Ein echter Garten ist durch nichts zu ersetzen.

Wanderungen durch Parks oder am Isarufer sind keine Alternative. Es muss schon ein richtiger Garten sein, in dem man wühlen kann. Für mich hat Garten etwas mit Erde zu tun. Und einen Garten gibt es in der Stadt nur als Schrebergarten. Wenn man Glück hat. Wenn man Beziehungen hat. Wenn man Zeit hat zu warten, dass glückseligerweise jemand passend verstirbt und dann eine Parzelle frei wird. Ob Herr Schreber als Erfinder dieser Beglückungsflächen tatsächlich alle Schwierigkeiten schon eingeplant hatte oder ob sich diese als Sozialisationsgeschehen zu einem wahren Hindernislauf entwickelt haben: Wir können ihn nicht mehr befragen. Glücklich ist der Mensch, der durch Schiebung, Bestechung und Unterwürfigkeit es geschafft hat und sagen kann, dass er ein Paradies erlangt, nahezu ergaunert hätte.

Ich will hier nicht genau vortragen, mit welchen Tricks ich es schaffte. Sie waren nicht von erotischer Art, aber ebenso ungeheuerlich. Zum zweiten Jahresquartal übernahm ich in München-Sendling in der Isaraue ein Gärtlein, um meinem Leben einen erdigen und erdgepolten Inhalt zu geben. Ich wollte mit ihm an Geist und Körper gesunden. Dies geschieht in der Regel durch fleißige Arbeit, die häufig von denen belächelt wird, die ein Abonnement im Fitness-Studio haben. Unabhängig von der Arbeit des Knochengefüges und der Bewegung des Muskelapparats wird man dazu auch noch braun und schön. An Schönheit hatte ich viel aufzuholen. Mein Leben konnte nur besser werden.

Ich bekam vom Verein telefonisch eine Parzelle zugewiesen, die frei geworden war aufgrund eines ungewöhnlichen Umstandes, nämlich dass der Vorbesitzer verschollen zu sein schien. Er war nicht mehr gesehen, aber mehrere Jahre lang waren von seinem Konto die Pachtgebühren abgebucht worden, bis nichts mehr kam. Das war letztlich Grund für die Vertragsaufhebung und meine Chance, die einzige, die ich innerhalb der nächsten fünf Jahre wohl bekäme. Wie auch immer der Garten ausgesehen haben könnte: Ich musste mich in dieser Verknappungssituation unbesehen entscheiden und tat das dann auch gern. Solch ein kleines Stückchen Land kann man mit Willen, Kraft und Sachverstand immer in ein Schmuckstück verwandeln, wie es auch bei Übernahme aussehen mochte.

Ich war beglückt und in diesem Sondergefühl übernahm ich dann von dem Vorsitzenden das, wonach ich mich so lange gesehnt hatte, unterschrieb Ordnungen und Anweisungen, Regularien, einen Abbuchungsauftrag, einen Schlüsselschein, Verpflichtungserklärungen über die detailliert geregelten Verhältnisse von Nutzgarten und Ziergartenanteilen und weitere Papiere. Allein der Heimtransport der Papierstöße war schon ein Ereignis.

Der eigentliche Akt war der erste Blick. Bei der Liebe im Allgemeinen soll dieser Blick entscheiden über Glück oder Niete. Begegnet man dem Gegenüber von Anfang an mit Missfallen, so wird in der Regel auf Dauer nichts daraus. Ich aber war positiv und meine Blicke trafen auf blankes Wohlgefallen. Eine glückliche Zukunft blickte mich an. Ich befand mich am Orte künftigen Gartengenusses. Die Lage, die Größe, die Himmelsrichtung, die Umgebung, die Einfriedigung: dies war außerordentlich ideal. Bei der Zuweisung konnte man den Garten als Schnäppchen bezeichnen. Alles war wunderbar und zu meiner vollsten Zufriedenheit. Mein nicht unerheblicher Einsatz hatte sich gelohnt. Ich war sehr glücklich, wenn bloß nicht die Merkwürdigkeiten des Gartens selbst gewesen wären, die die vollendete Beglückung leicht einschränkten. Die Besonderheiten waren hingegen verständlich. Der Vorstandvorsitzende erklärte mir das genau. Es soll auch dem Leser eine Warnung sein: Überlässt man wie ehemals der Vorgänger Karl Huber ein gut gedüngtes und eng bepflanztes Gartenstück über einige Jahre vollkommen sich selbst, so erlebt man eine Spontanvegetation mit ihrer ganzen Kraft. Die Natur entfaltet sich in ihrem vielfältigen Spektrum. Es tauchen Pflanzen als Überraschung im Garten auf, von denen wir noch nicht einmal wussten, dass es sie gibt. Der englischste Rasen wird zur wild wogenden Wiese, wird zum zotteligen Grasmoosgeflecht mit Einsprengseln von fremden Aussaattrieben, die sich im Laufe von ganz wenigen Jahren zu Reisern, zu Büschen, ja zu Bäumen entwickeln. Die Wissenschaftler sagen, dass die Natur das heutige vielfältige Grün ohne weiteres Einwirken des Menschen binnen weniger Jahre in einen einzigen Riesen-Wald verwandeln würde. Alles sehr interessant.

Ich sah dieses Eroberungs-Wunder nun hier vor mir in kleinem Format. Was gibt es Überwältigenderes als mit dieser Kraft des grünen Lebens so direkt konfrontiert zu sein? Vielleicht könnte man weiter damit experimentieren: Brandrodungen vornehmen, damit wieder Licht auf den Boden fällt? Vom Fernsehen her bin ich genau orientiert, dass man mit sehr großen Radladern mehr oder weniger kurzen Prozeß mit dem grünen Unrat macht, um eine reine Ausgangsbasis für eine sinnvolle Plantage zu haben.

Genau danach war mir: sinnvoll und klug geordnet in Obstbereich, Beerenbuschreihen, Erdbeerstränge, ein Beet mit Blühstauden. Wie andere bedeutende Menschen würde ich gern im kleinen Stil Rosen züchten und sie nach zauberhaften Damen benennen. Dafür brauchte ich klar gegliederte Beetformen, um die Züchterei auch genügend systematisch durchführen zu können. Ich hatte sehr gefestigte Vorstellungen von einem Idealgarten, der jetzt entstehen sollte aus dieser ungebändigten Natur. Aber woher nahm ich ein gelbes südamerikanisches Rodungsmonster? Hatte ich nicht vor wenigen Minuten selbst in eigener Person unterschrieben, keine Motorgeräte auf meiner Parzelle zu verwenden, selbst ein kleiner Trecker wäre verboten? Hatte ich mich nicht verpflichtet, keinerlei Feuer zu machen? Ich war sehr schnell überzeugt davon, Schrebergarten-Geister sind enge Geister, die nicht recht wollten, dass man auf bewährte Agrarierweise (und das Abbrennen ist in unserer Heimat ein wohl schon zehntausend Jahre alter Brauch) handelte. Hier am Ort und mit diesen engstirnigen Menschen zu diskutieren, das wäre wohl unpassend gewesen, somit blieb ich bei meiner allerhöflichsten Form. Ich bedankte mich für die Überlassung dieses kostbaren Stücks Erde samt seiner in es hineingewachsenen Spezialitäten und Monstrositäten.

Wie bei Umzug, Einzug, Einrichten: Was nicht in den allerersten Tagen voller Elan energisch angefasst wird, das wird auf Dauer nichts Rechtes mehr. Der Mensch (und vor allem ich) gewöhnt sich sehr gern an das Provisorische und Unfertige. Das Vertrautsein mit dem augenblicklichen Stand macht uns schwach und antriebslos. Wir sind mit dem Behelfsmäßigen leicht zufrieden, sodass wir kaum noch die Kraft haben, unser Ziel zu vollenden und uns eher mit dem Provisorischen behelfen. Genauso durfte es mir hier nicht ergehen. Sofort anfangen, das war mein fester Wille. Noch freute ich mich darauf, mit

Körpereinsatz und wachem Geist mich zu erfrischen und den Garten zu ordnen.

Alles zu seiner Zeit. Im zeitigen Frühjahr kommt der Schnitt der Gehölze. Damit wollte ich beginnen. Mit sehr gutem, noch leicht ölig schimmerndem Werkzeug eröffnete ich meine persönliche Expedition in mein Pflanzenreich, um mit scharfen Sägezähnen und Klemmscheren wesentliche Ordnung zu machen. An die Reihe kamen die Bäume, die ich langfristig gern weiterhin kultivieren wollte. Die restliche Mehrzahl konnte ich dann später auf eine noch ungeklärte Weise mit Stumpf und Stiel ausrotten. Zunächst kam die Forderung der Kultur.

Was interessiert mich als Gartenfreund an Bäumen? Diese Frage kann ich nicht allein vom Praktischen beantworten, weil doch auch ich in die Verantwortlichkeit des Gartenbaus und jahrhundertelangen Züchtergeschehens eingebunden bin. Ein Baum kann das gedankliche Ergebnis einer langen Reihe von Gartenexperten sein, ein Gebilde von kompliziertesten Gen-Zusammenfügungen. Diese kostbaren historischen Züchtungen müssen somit behutsam gehegt und gepflegt werden. Das Ordnungsprinzip der Ex-und-hopp-Manier ignoriert leicht diesen Kulturhintergrund.

Das wunderschöne deutsche Spezialwort »entsorgen« ist bei mir ein ausgesprochenes Nackenhaare-Wort. Es klingt, als ob ein Wegwerfen oder Wegtun irgendetwas mit einer Umsorgung des Gegenstands zu tun hätte. Somit wollte ich gern würdig vorgehen in meinem eigenen Garten und in angemessener Weise mich der Natur nähern. Mit den Obstbäumen wollte ich beginnen.

Stehen einige Bäume zusammen, so verhalten sie sich ungefähr so wie Menschen. Einerseits kann der Konkurrenzdruck mit Überwachsungen, punktuellen Spontantrieben und rücksichtsloser Überwucherung im gegenseitigen Kampf um mehr Raum und noch mehr Licht zu harten Auseinandersetzungen führen. Andererseits gibt es auch ein Zueinanderstreben, das Miteinander-Umwachsen, ein Eins-Werden von Baumkronen zu einem neuen, wundervoll harmonischen Ganzen. In meiner Phase als Glückspilz fand ich zwei sehr alte Birnbäume vor, die trotz ihrer Höhe eine enorme Breite aufwiesen und nicht nur sich berührend, sondern zu einer Gesamtheit zusammengewachsen waren. Es war eine Einheit. Das Alter konnte von mir nur enträtselt werden. Sicher waren sie vor dem Krieg gepflanzt, die Frage war nur, vor welchem. Als moderner Mensch stochert man auch nicht so sehr in der Vergangenheit herum, sondern ist ein Mensch der Tat und setzt sich mit den Gegebenheiten auseinander. Ich studierte den Auftritt dieser zwei Methusalems mit Sorgfalt. Besah die Rinde und die groben Altersaufbrüche. An manch uralten Schnittstellen waren ehemals Sprosse und dann die sich daraus entwickelnden mächtig-dicken Äste und Himmelstriebe geboren. Interessant: Viele Äste wuchsen besonders kräftig in Richtung Nachbarbaum. Ich konnte kaum ausmachen, welcher Ast dort oben zu welchem Baum gehörte. Die Verästelung war hochkompliziert eng und dicht. Genau konnte ich nicht hindurchsehen, auch nicht mit etwas zusammengekniffenen Augen. Nun kniff ich und blickte und versuchte, das Geheimnis dieses Wuchses dort oben wie fast vor den Wolken zu entwirren. Es war schon interessant, aber so wirr konnte das Gehölz auf Dauer nicht bleiben in einem Garten, der von Kenntnis zeugen soll. Der neidisch machen soll. Der als eigentliches Herz dieser Strebergartenkolonie sich durchaus als Pilgerstätte für den Gartenfreund aus fachlichen und vor allem ästhetischen Antrieben entwickeln würde. So konnte das Kronengewirr nicht bleiben, zumal sich weit oben eine rechteckige Dunkelheitsfläche zeigte. Mit all diesen Merkwürdigkeiten und Wuchsexzessen wollte ich Klarheit und Ordnung schaffen. Die zwei Birnbäume sollten mein erstes Werk sein.

Über eine äußerst lange und in sich leicht schwankende Leiter strebte ich himmelwärts. Mit meinem Fachgerät fest in der Hand und eisernem Ordnungswillen. Hier schon schön weit von der Grasnarbe entfernt, komme ich dem Problemfall näher. Ist es aber nicht mehr als nur ein Fall? Auf dem Weg nach oben betrachtete ich voller Interesse, dass an manchen wohl in nördliche Richtung wachsenden Ästen eine dicke Packung Moos wuchs. Ich kam an alten, lange verlassenen Nestern vorbei. In einem lagen zerbrochene Eierschalen. In dem nächsten bunte Plastikschnüre. Das war ja interessant: Vögel sollen doch wirkliche Räuber sein. Vielleicht käme ich noch an einem originalen Elsternnest vorbei? Da gäbe es eine Chance auf goldene weggeworfene Verlobungsringe und ähnliche Preziosen. Während ich nun in dem dicken Geäst herumkletterte und alles nahezu wissenschaftlich betrachtete, entdeckte ich ein etwas größeres Nest: nichts war darin bis auf einen Herrenschuh, schon sehr abgewittert. Wenn das nicht interessant war? Der Leser darf nun nicht glauben, dass das Beklettern eines hohen Birnbaums eine Art von Spaziergang ist. Mir war das nicht ganz geheuer, denn ein Baum steht nicht still, sondern hat eigentümliche Schwankungen und Schwingungen. Es kam mir schon beinah genauso vor, wie manche mir die Seekrankheit beschrieben hatten. Ich war jedoch kein ängstlicher Matrose, sondern ein mutiger Gärtner, der sich weiter nach oben durch die krustigen und schroffen Rinden, die glitschigen Äste und Vergabelungen zum Ziel hinaufkämpfte.

Nun war es keineswegs so, dass es weiter oben immer klarer und heller wurde, sondern im dichten Gewirr eher schummerig und durchaus das, was man als Bootsmensch unsichtiges Wetter nennt. Natürlich raspelte ich korrigierend auf dem Wege nach oben wie im Nebenbei einige Äste und Zweige weg, aber meinem Ziel blieb ich treu. Ich klammerte mich gut fest. Trotzdem war das eine riskante Angelegenheit, weil ich mich von massivem Ast über elastische Zweige fortbewegte und dies alles in der Gesamtbewegung des Baumorganismus. Hätte man nur besser sehen können! In einer Astgabel fand ich seltsam eingefügt und bereits schon wie überwuchernd eingewachsen einen weiteren Herrenschuh, wohl das Pendant zum Nest-Fund. Das war kein modernes Plastik-Turnschuh-Exemplar, sondern etwas wirklich Solides. Ich untersuchte dieses Fundstück in Kenntnis der edlen Schusterhandwerkskunst. Sicher ein Vorkriegsexemplar. Welcher Provenienz, das war nicht zu ermitteln, da es eingewachsen und leicht zugemoost war. Nicht viel weiter von der Stelle sah ich voller Verwunderung, dass eine alte Bügelsäge mit Holzhandgriffen derartig durchwachsen in einer dicken Astgabel hing, was mich außerordentlich verwunderte, denn die Äste waren massiv dick und hatten die Säge nahezu eingeklemmt. Es war ein Exemplar, wie man es schon lange nicht mehr kaufen konnte, war mit einer dicken Rostschicht überzogen und schien ein Relikt aus einer anderen Zeit. Bloß welcher Zeit? Wie wuchs der Baum in diese Säge hinein ohne Selbstverstümmelung? Hat der Baum die Säge umhüllt im Willen der Eigenbesägung oder zur Blockade aus Angst vor einem Schnitt? Nach meiner Einschätzung wird der Vorgang mehr als fünfzig Jahre lang gedauert haben. War das nicht interessant?

Unvermittelt stieß ich auf etwas, was ich nicht erwartet hatte. Hinter einer Astbiegung auf meinem Weg zum Problem trat ich auf einige waagerecht befindliche alte Bohlen, die wie eine kleine Fläche auf mich wirkten. Und tatsächlich, die Bohlen waren festgenagelt und trotz ihres offensichtlich höheren Alters noch trittfest und vertrauenerweckend, obgleich die Moosschicht an allem etwas zweifeln ließ. Das war es nun, ich hatte ihn entdeckt: den Traum vieler Kinder und vor allem vieler Macher-Männer, die noch mehr träumen als ihre Kinder. Es waren die Reste eines Baumhauses. Eine Ruine war es zwar, sehr vieles war vermodert oder fehlte, aber offensichtlich musste es einmal sehr imposant gewesen sein. Mir stellte sich die Frage, ob das Haus in Erbauertagen erheblich niedriger positioniert gewesen und zusammen mit dem Höhenwachstum quasi wie in einem langsamen Aufzug nach oben gestrebt war.

Diese Art von Fragen konnten mir sowieso nur ausgemachte Baumhausexperten beantworten. Ich schaute mir forschend die Umgebung an. Es gab nicht viele Möglichkeiten, von der Plattform weiterzukommen. Ich fand eine leere Konserven-Fischdose. Die war eher nur noch ein Rest in ihrem Rost, aber doch noch festgenagelt. Was sollte das? Ich schaute mir die Dose genau an: »Hilfe! Franky«

Zwar schon stark verwittert, aber die Botschaft war klarerkennbar ins Blech geritzt. Etwas davon entfernt eine Schnitzung in die Rinde: »Helft mir! Maria« Eine weitere Aluminiumdose war darüber angenagelt »Wie geht es weiter? Karl« Mir verging langsam die Lust an meiner Baumexpedition. Hier oben musste mal ein heftiges Treiben gewesen sein. Ob der Franky mit der Maria? So weit oben? War Karl ihnen nachgestiegen?

Welches Schicksal hat sich hier zugetragen? Ich bin an Gefühlsdramen, ob im Fernsehen, auf der Leinwand oder im Leben, nie so recht interessiert gewesen. Was sich hier auch ereignet haben mag, das durfte mich nicht abhalten, aus dem Baumwirrwarr wieder echte Bäume zu gestalten und Ordnung zu machen. So sägte ich eine kleine Lichtung in das Gestrüpp. Es wäre Vögeln jetzt wieder möglich, in die Krone der Birne einzudringen und Lebensraum zu finden. Was auch immer hier geschehen sein mochte: die lustigen Vogelmelodien würden mir freundliche Ablenkung sein. So und nicht anders musste das Problem angegangen werden. Ich raspelte und sägte, Buschwerk fiel nach tief unten. Nun wird der Leser natürlich vermuten, dass ich meinen eigenen Ast absägte, auf dem ich saß. Bei meiner Sorgfalt geschah dies keineswegs, ich war sehr konzentriert im Natur- und Forscherdrang. Ich hatte bisher noch nie gesehen, dass ein lederner Arbeitshandschuh in einem Spalt eines Stamms eingewachsen war. Ehemals vergessen und nie mehr gefunden? Aber als ich etwas herumstocherte, entdeckte ich noch Reste einer Armbanduhr. Umso mehr ich herumsägte, desto weniger entkam ich den Absonderlichkeiten. Eigentlich machten sie mir nicht viel aus. Ich stellte sie einfach nur als Tatsachen fest. Gedanklich konnte ich mich damit nicht befassen. Hier war eine etwas morsche Stelle im Baum, eine verfaulte Partie. Ich trat auf diesen Punkt, um die Belastbarkeit festzustellen. Darunter musste es hohl gewesen sein. Mit mehligem Dampf knackte ich mit beiden Füßen ein. Alles gab nach. Ein Loch öffnete sich. Und mit allen Gerätschaften fiel ich in ein dunkles Schwarz.

Hexerei und grüner Zauber

Kindlich staunend nehmen wir die Geheimnisse der grünen Welt wahr. Früher wurden Hexen verbrannt, wenn man dem geistig nicht folgen konnte, was sie mit ihrem Wissen um das Verborgene in der Pflanzenwelt anstellten. Pflanzenkenntnis, Kräuter sammeln, zu Mischungen zusammenstellen, die auf unerklärliche Weise Erfolge erzielten, das war ein unverständliches Tun. Wer heute eine Packungsbeilage einer Arznei zu lesen versucht, könnte wesentlich berechtigter den Apotheker ermorden. Das Spezialwissen hat sich noch mehr dem üblichen Menschenverstand entzogen. Auch durch viel Nachdenken können wir die Wirkung der Elemente nicht begreifen.

Wir haben uns darauf verständigt: Hauptsache es wirkt, wodurch, ist für uns nicht mehr so entscheidend. Hauptsache gesund. Hauptsache es wächst. Dabei sind einfache oder bizarre Theorien anregend für mich. Manchmal ist es eben interessant: Fühlt sich eine Pflanze nicht recht wohl und denkt depressiv ans Sterben, dann ist bekannt, dass die Botanik in Kümmernissen sich noch einmal zusammenreißt. Durch ein Zwangsblühen und eine starke Konzentration auf eine letzte Frucht opfert sich die Pflanze für die nachfolgende Generation auf. Gute Ergebnisse können also auch durch eine gewisse Härte erzielt werden: Pflanzen, die nicht immer behütet und regelmäßig gewässert werden, entwickeln in ihrer Vernachlässigung und dem Selbsterhaltungstrieb ein tieferes Wurzelwerk als die verwöhnten Exemplare. Sie werden widerstandsfähiger. Ich habe von vielen Gartenfreunden gehört, die mit ihren Pflanzen sprechen, sie loben und tadeln. Schon der bloße Gedanke: »Wenn du nicht bald anständig blühst, dann reiß ich dich raus«, soll Wunder bewirken. Wegen dieses Zaubers könnte man glatt verbrannt werden.

Was wie Hexerei aussieht, ist im Garten wohl alles eine Schwingungsfrage. So wie die Schwingungen der Mondkonstellation unterschiedlich wirken, so kann die Schwingung der Gedankenströme auf die Pflanzen Einfluss nehmen. Die Schwingungen der Stimme des Gärtners kann für den Garten Beglückung oder Graus sein. Dass Kühe bei Musikschwingungen mehr Milch produzieren und gesünder sein sollen, das gehört nicht mehr zum Hexenwissen, sondern ist Allgemeingut. Wir staunen trotzdem.

Nun gibt es den Oberhexenmeister Yanick van Doorne in Belgien. Der behauptete nicht nur, sondern weist nach, dass Musik und Tonschwingungen nicht nur kleine Pflänzchen auf der Fensterbank, sondern ganze Felder mit Mais, Weizen oder Wein in Reaktion bringen. Er erklärt uns den Wirkungsablauf so, dass spezifische Frequenzen einer Tonfolge die einzelnen Aminosäuren der Pflanzen stimulieren können. Durch eine positive Reaktion erhält Wein beispielsweise mehr Aroma und sogar einen höheren Alkoholgehalt als unbeschallter. Pflanzen sollen besser wachsen und gesünder bleiben.

Noch ist nicht vollkommen bekannt, welche Melodie welches Ergebnis bringt.

Ich habe keinen Weinberg und kein Maisfeld, aber einen Garten, der nicht nur Freude macht, sondern ernstes Forschungsfeld ist. Ich sollte mir wieder angewöhnen, im Garten ein Liedchen zu summen, vielleicht auch mutig einen Schlager zu pfeifen. Das Volkslied erwacht zum Pflanzenlied. Ist die Arie speziell für die edlen Rosen gedacht? Vielleicht haben meine Pflanzen mehr Verständnis für mich als eine Angebetete und betrachten mein elendes Gekrächze als Herzenserguss? Ich muss das mal ausprobieren. Nun werde ich jeden Geranientrog auf meinem Balkon mit einer eigenen Melodie besingen. Die Blüten werde ich gewissenhaft zählen und alles für uns notieren. Zwar ist über das Grillen auf dem Balkon im Mietvertrag alles detailliert geregelt, nicht aber das Singen aus wissenschaftlichem Grunde. So bringen mich meine Pflanzen durch die Reglementierungslücke zum Ausleben eines Stückchens Freiheit. Wenn ich meine unmusikalischen Nachbarn aber so genau betrachte: Deren Urgroßeltern haben wahrscheinlich die letzte Hexe verbrannt.

Es war Rosa

Sie hatte mich wie immer hinbestellt. Diesmal war es ein besonderer Tag, mit beglücktem Schwung kaufte ich einige Rosen für sie. Sie würde sich freuen, sie würde daran riechen, die Blüten nach Farben arrangieren und immer wieder neu von allen Seiten betrachten. Eine Liebhaberin war sie, kannte scheinbar Geheimnisvollstes. Wusste Bescheid vom Duft der Blüte und der Härte der Stacheln. Jede Schattierung der Farbe. Es war ihr egal, ob Blut rann, wenn sie sich an den Stacheln ritzte. Dies war ihre Leidenschaft. Sie lebte für die Rose und beduftete sich damit. Wahrscheinlich aß sie diese auch.

Wir saßen uns gegenüber, nicht sonderlich nah. Der Rosenstrauß lag mitten zwischen uns. Über diese bunten Blüten hinweg würden wir endlich das aussprechen, was normalerweise nur Herzen sagen können. Ich würde ihr alles gestehen und sie für immer in meine Lebenstage einbeziehen, in die hellen, die grauen und die schwarzen. Sie würde die dunklen vertreiben und es wäre strahlend mit uns. Ein buntes Liebesglück, schillernd, duftend und dann auch irgendwann gemeinsam verwelkend. Der Rosenstrauß lag großzügig auf dem Tisch und trennte ihn in zwei Teile. Ich versuchte zu plaudern und sie mit allerlei Hei-

terkeiten zu erfrischen. Glockenhell war ihr Lachen, manchmal kicherte sie in ihrer eigenwilligen Art, um allein deretwillen ich sie so gern umarmt hätte. Ich bekam den Gesprächsbogen nicht so recht hin, von der allgemeinen Unterhaltung die Gedanken auf uns zu lenken: Immer wich sie mir aus mit abstrusen Übertreibungen, Frotzeleien und Späßchen über mich. Sie war mehr als einfach nur ausgelassen, sie war heiter wie der Sonnenschein. In dieser Stimmung schnupperte sie wie immer an den Rosenblüten, nach und nach jede für sich, aber ohne Unterbrechung unseres Gesprächs. Es war wie eine Geruchskontrolle, manchmal schloss sie die Augen, wahrscheinlich drehte sich bei ihr alles. In diesem vermuteten Sinnestaumel zupfte sie an den Blütenblättern. Zerrupfte vollständig das so natürlich Gewachsene und legte die Blätter in Reihen, Bahnen und sonderbaren Mustern auf den Tisch. Ich wollte es ihr beinah nachmachen und dachte an das alte Orakelspiel: liebt mich, liebt mich nicht. Aber sie ließ in ihrer schmetterlingshaft-fliegenden Plauderheiterkeit nichts zu. Sie war entzückt über das große Blütenherz, das auf dem Tisch entstand. Mein Herz zog sich zusammen und hatte keinerlei Mut, sich ebenso darzulegen. Aber war das ihre Öffnung? Sollte das Blütenherz eine Erklärung sein? Ich hatte noch nicht einmal den Elan, es ihr gleichzutun und ein vergleichbares Herz aus abgerissenen Blättern vor uns hinzudekorieren, vielleicht zart ihres berührend, vielleicht deutlich über ihrem liegend, sicher aber verbindend.

Ich plauderte mich krank. Die Zeit schien endlos zu sein. Es entstanden unter ihren Händen bunte Phantasiebilder. Sie schien aus innerem Triebe Schönheiten entstehen lassen zu wollen mit diesen Gaben der Natur. Schönheiten für den Moment.

Ob nun jede Rose tatsächlich zerpflückt worden war, ob meine zur Schau gestellte Heiterheit durch Ermüdung umschlug in Niedergeschlagenheit und Enttäuschung über mich selbst, die Gelegenheit so wenig für mich nutzen zu können – was es auch immer war: das Zusammensein endete abrupt. So wie bei einem unglücklichen Brettspiel ein Spieler die Figuren mit einer Hand als finalen Akt auf einen Haufen schiebt, so beendete sie mit einer Handbewegung unser Zusammensein.

Ich sitze am Tisch, allein. Vor mir die Reste der Rosen. Die Rose sollte bisher immer die Liebesblume sein.

Frühjahrswunsch und Frühjahrswirklichkeit

Mein Frühling beginnt im Winter. Da schaue ich mir die bunten Gartenbücher an. Hier hole ich mir Anregungen, wie es vielleicht größere Gartenliebhaber mit noch grünerem Daumen viel besser machen als ich. Diesmal soll es ein besonderes Gartenjahr werden!

Letztes Jahr hatte ich einfach viel zu spät angefangen. Dann kam noch der Kurztrip über Ostern dazwischen. Über Pfingsten war ich verreist und schließlich gab es in keinem Geschäft eine einzige vernünftige Pflanze mehr. Ich hatte mich mehr oder weniger durch den Sommer geschummelt mit fleißiger Gartenarbeit, die vorwiegend aus dem Entfernen von Unkraut aus nur halb bepflanzten Beeten bestand. Mag es auch heute nicht mehr Unkraut, sondern Wildkraut heißen, mag das unerbetene Grün eine Art von Gottesgeschenk in Form einer Spontanvegetation sein: Solange die Beete anders als in meinen Büchern aussehen, solange kann ich nicht glücklich werden. Nun aber voran!

Ich habe vernommen, dass viele Pflanzen Kaltkeimer sind. Sie brauchen zur tüchtigen Entwicklung einige Tage Winterstimmung. So ganz genau kann mir jedoch keiner sagen, welcher Samen gekühlt werden muss, welcher einige Tage im Kühlschrank verweilen soll, welcher aber niemals ins Tiefkühlfach darf. Und damit fängt bei allen guten Vorsätzen jetzt schon das Problem an.

Ich hatte es mir angewöhnt aus Eroberungsdrang, aus Gründen des Festhaltens alter Schönheit, aber vor allem aus der Entscheidung »Genau das will ich auch!« überall dort, wo die Pflanzen besonders apart erschienen, mir Samen abzunibbeln, Samenstände abzuknipsen, Schoten zu ernten. Der reine Samenraub war das. Zwischenzeitlich musste dann alles getrennt in Hosentaschen, Jacketts, Hemdentaschen und so weiter aufbewahrt werden. Zu Hause immer die alte Frage: »Was war was?« Dann kam alles in Tütchen mit Beschriftung für die eigene Frühjahrs-Sämerei-Saison, wenn ich in Vergesslichkeit nicht die Eroberungen im Hemd durch die Waschmaschine jagte, was für die Gesamtwäsche ja immer keine Freude ist und für den Samen wohl noch weniger. Dass ich die Samen verwechselte, das kann sowieso nicht vollkommen ausgeschlossen werden. Das ergibt dann Überraschungsbeete. Beim Pikieren nach der Aussaat und dem Keimen sehen alle grünen Lieblinge noch recht ähnlich aus. Wozu sich was entwickelt, das wird mit andächtigem Staunen bewundert. Bei mir herrscht manchmal das Prinzip der Wundertüte.

Im späten Winter sitze ich vor meinen Eroberungen an Sämereien, vor den schönen Phantasiebildern und vor dem Kühlschrank, um meine Samen für eine Zeit zu deponieren. Ob es wirklich gute Pflanzen werden, wenn sie zwischen Mayonnaise, Bierflaschen und Jagdwurst dem Frühjahr entgegendämmern, das kann ich nur hoffen. Am Tag X geht es los. Mit großem Elan breite ich Wannen mit Erde aus, hole meine Samen und Zettel herbei und bin weiterhin durch so viele Überlegungen irritiert, dass das Beginnen schwer ist. Bei welcher Mondkonstellation muss gesät werden? Gehört die Pflanze zu den Dunkelkeimern? Muss sie wie Kapuzinerkresse und Erbse erst mal für zwei Tage zuvor ins Wasserbad? Wenn es so viele Möglichkeiten gibt, dann sind es vielleicht zehnmal soviel mehr, alles falsch als irgendwann etwas tatsächlich richtig zu machen. Kann mir jemand einmal erzählen, wie es kommt, dass bei so viel Kompliziertheit die Menschheit noch nicht längst verhungert und ausgestorben ist? Zum Glück wachsen Leberwürste und Parmaschinken anders nach. Ohne das komplizierende Säen.

Meine Eroberungsfeldzüge waren unverhältnismäßig üppig. Ich habe viel zu viel Samenkörnchen. Wo überallhin soll ich sie versenken? Was ist, wenn nun überhaupt nichts daraus wird? Ich habe schon Bedenken mit der Wässerung. Viele sagen ja, man solle eher weniger als zu viel wässern. Aber was ist das richtige Maß? Immer schön gleichmäßig oder in Perioden wässern? Sicher ist das auch noch von Pflanze zu Pflanze verschieden. So ganz genau kann man sich nicht informieren. Auch das Internet gibt nicht viel her; denn häufig fehlt die Angabe der optimalen Temperatur. Soll man die Samenkästen in die Sonne oder eher in den Schatten stellen? Mir ist es ein Rätsel, ob und warum überhaupt mein Samen aufgehen kann. Ich habe gelesen, dass die hochmodernen Hybrid-Züchtungen eigentlich nur Einmal-Blüher wären, dann aber gewaltig, aber ohne recht zukunftssichernden Samen. Habe ich meinen Samenraub nun von normalen oder Hybrid-Pflanzen vorgenommen? Das sieht man den Pflanzen als Nicht-Profi nicht unbedingt an. Vielleicht alles nur taube Nüsse?

Nun zieht sich zarter Schimmelhauch über meine Keimerde. Ich stochere darin herum: Die Erde braucht sicher Luft. Und auch Düngung. Soll man in diesem Stadium schon düngen? Und Insektenvernichtung, die fängt man doch am besten schon sehr früh an. Das, was ich gegenüber dem Pflanzeneinkauf spare, das habe ich schon vorab in einer Art Chemikalienhandlung ausgegeben. Waren die Dünge- und Beschützergaben vielleicht etwas zu massiv? Ich räume mein Schlafzimmer für die Wannen und Becken, weil es nach Norden liegt. Hier ist immer sehr wenig aggressives Licht. Nun schlafe ich bereits zwölf Wochen auf der Couch, bei meinen Aussaaten tut sich immer noch nichts. Verrückt, aber mein Freund Ulli hat mir neulich aus Lourdes etwas Wasser mitgebracht. Sollte ich vielleicht mit anerkannt-geheimen Kräften des Himmels meinen Frühjahrspflanzen den geistigen Schub geben? Noch drei Wochen lang werde ich mir das ansehen. Wenn bis dahin nichts geschehen ist, kommt alles auf den Kompost. Ich will irgendwann auch wieder vernünftig schlafen. Und Pflanzen kaufen, das kann ich ja wohl überall. Wenn noch was da ist. Frühjahrswunsch und Frühjahrswirklichkeit sind eben zweierlei Dinge.

Folge lieber deinem eigenen Stern

Es begann bei mir bereits in einem Stadium, an das ich mich noch gerade so zurückerinnern kann. Ich lernte sehr früh das Fahrradfahren. Wie sich jeder noch an seine eigenen Versuche erinnern wird, ist dies eine zittrige Sache. Doch jedes Mal, wenn die Mutter den Angstschrei ausstieß: »Kind pass auf!«, geschah es. Bis dahin hatte ich mich tapfer gehalten, aber der Ruf genügte, und ich fiel um. Hätte die Mutter gerufen: »Kind, prima, weiter so!«, dann wäre es gewiss nicht so geschehen. Ich wäre zunächst ein kindlicher Rennradler geworden und später sicher eine Art von Michael Schumacher. Stattdessen rasen – noch dazu Vogel zeigend – in Überhohlfahrt die lächerlichen Pedaljünger an mir vorbei. Selbst als Jungmann, in einer Phase, in der es mir gut ging und ich es krachen lassen wollte, als ich einen eigenen Porsche besaß, hatte ich bei etwas höherer Geschwindigkeit stets eine Höllenangst und sah voller Bewunderung die mutigen Kadett GTs an mir vorbeiziehen. Den Porsche gab es dann nur eine äußerst kurze Zeit. Der mutigere Fahrer, dem ich das Gerät auslieh, stürzte in diesem dann von einer Alpenbrücke hinunter.

Das sind die Ergebnisse falscher Pädagogik. Ich habe einfach zu wenig Selbstvertrauen gewonnen. In vielen schlecht verbrachten Nächten steht mir das Fahrraderlebnis immer noch lebendig vor Augen: Ich werde das mal mit meiner Therapeutin besprechen müssen.

Die Dame an meiner Seite hat in meinen Augen einen Ordnungsfimmel. Darüber zu diskutieren, hat sich über die Jahre als sinnlos und als verkrampfend entpuppt. Manch einer würde bei Hinweisen und Ratschlägen zur Ordnung die Ohren auf Durchzug stellen, ich als Liebender jedoch nicht: Ich nehme alles zwar nicht knurrend, auch nicht dankbar, aber letztlich an: »Der Klügere gibt nach.« Wenn die Frau mich in der Küche beobachtet, so ist sie immer auf der Hut, dass ich irgendetwas nicht ganz vollendet erledige. Dann ergibt sich stets eine Situation wie bei meiner Mutter und den Fahrradversuchen. Wenn sie also mich ermahnt: »Bitte wring das Küchentuch ganz trocken aus, sonst tropft die Fläche voll!«, so mache ich das. Ich konzentriere mich auf das tatsächlich noch tropfende Tuch, hatte irgendwann als Heranwachsender von einer Wring-Spezialistin gelernt, wie man als Rechtshänder am effektvollsten ein Tuch ausdrückt, finde es eigentlich lächerlich, hier derartige Künste vollführen zu sollen, nehme also das Tuch kraftvoll in meine Hände, und drehe es auf die effektivste und nach den Regeln der Hausarbeit einzig mögliche Art und Weise. Irgendwie bin ich begeistert, dass ich auch in scheinbar einfachsten Dingen Perfektion üben kann. Während das letzte Wasser aus dem Textil tröpfelt, es sich beinahe nur noch leicht feucht anfühlt, zerschellt das eben noch neben mir stehende Glas auf dem Boden in Splitterstücke. Das war das Ende des Rummer-Glases aus

England: mundgeblasen, mit sorgfältig ausgeschliffenem Abriss, ein altes viktorianisches Stück. Es bestand aus einem Kristall, das leicht rötlich schimmerte und beim Anklopfen der schönen Glockenform, einen unendlich lang anhaltenden, reinen Ton erzeugte. Das Tuch ist dafür nahezu pulvertrocken geworden.

Ich habe tageweise einen Gärtner. Der weiß als Fachmann alles ganz genau, dafür jedoch habe ich ihn auch. Eigentlich müsste man bei Geschäftsverbindungen solcher Art immer vorher klären, ob es eventuell familiäre Verbindungen mit unbekanntem Hintergrund (vor allem zur Mutter) gäbe. Weil die Hilfe nicht sehr preiswert ist, helfe ich mit. Das verkürzt die Stunden und vergrößert meine Kenntnis. Mein heimlicher Wunsch ist, so viel zu lernen, dass ich den Gärtner dann auf Dauer vollkommen loswerde. Ich arbeite somit genauestens nach seinen Anweisungen. Ich öle die Rosenschere. Er zeigt mir die Kunst des Kompostierens. Bei Beschneidung der langen Hecke allerdings möchte ich diese Arbeit übernehmen (die Hecke ist allzu lang und das Gärtnerhonorar dafür käme mir allzu teuer). Ich stehe also etwas unsicher auf der Klappleiter und nehme mir mit der Elektroschere die Spitzen vor. Mein Gärtner schaut sich das an. »Passen Sie auf, vorsichtig mit dem Kabel!« Leider konnte diese straffe Art von Anweisung nur ein Ergebnis haben: Bei meiner Form von Überkonzentration auf die grünen Triebe übersah ich das schwarze Kabel und säbelte alles in einem Rutsch kurz und bündig in zwei Stücke wie einen kleinen Ast. Es endete sehr abrupt. Ohne diesen blöden Fahrrad-Kommentar ehemals wäre mir das niemals passiert.

Seit alters stellt ein Gärtner seine mit Wasser gefüllten Gieß-

kannen mit der Breitseite zur Sonne, damit sich das Wasser für die Pflanzen wohlig erwärmen kann. In meinem Falle war es am günstigsten, wenn die Gefäße übereinander auf der Gartentreppe aufgereiht waren, Stufe um Stufe, damit der Schatten der einen nicht auf die nächste fällt. Gärtnern ist schon eine komplizierte Sache.

Es war früher Abend. Mein Gärtner rief mich aus seinem Heim an. Jetzt näherte sich die Stunde des Gießens. Er gab mir letzte Anweisungen über Strahlstärke, Gießmenge und Gießhäufigkeit. (Ein Gießkünstler gießt nämlich keineswegs in einem Guss, sondern unterteilt diesen in einen Vor-, Haupt- und Nachguss aus einleuchtenden Gründen.) Er war im Detail mehr als pedantisch und erfreute mich zum Schluss noch mit dem Zusatz, ich solle mit der untersten Kanne beginnen. Begänne ich mit der obersten, könnte mein Aufbau in Unruhe geraten und alles übereinander die Treppe hinunter in den Garten stürzen. Ich ging also zu meiner Treppe in den Garten und gebe heute zu, nur ganz leicht die oberste Kanne befühlt zu haben, ob das Wasser tatsächlich warm war. Schließlich sollte der Sinn dieser Aktion begreiflich werden. Ich hatte die Kanne kaum berührt, als sich alles in Bewegung setzte. Unglaublich, dass solch zarte Berührung derartige Wirkungen hervorbrachte: Und holterdipolter taumelten dann alle Kannen, Eimer, Töpfe mit großem Geklapper und Gespritze chaotisch in die Tiefe. Nun stand ich da mit leeren Kannen und dem Vorsatz, niemals mehr auf den Rat von radfahrenden Müttern, tuchwringenden Hausdamen und alleskönnenden Gärtner zu hören. Ich betrete dadurch endlich meine eigene Straße des Erfolges.

Notizen über den eigenen Garten

Das Hauptproblem des Gartenfreunds ist der Zeitpunkt der Entscheidung. Man muss häufig bis zu einem halben Jahr vorab eine Idee haben und umsetzen, um dann ein sichtbares Ergebnis zu erlangen. Bis dahin kann man alles nur mit Zweifeln, Hoffnung, Wünschen begleiten. Die lange Verzögerung zwischen Entscheiden und dem Ergebnis gibt es bei vielen pflanzlichen Vorhaben. Besonders deutlich wird das beim Setzen von Blumenzwiebeln. Man kann nur überrascht sein, wenn es im Frühjahr glückt wie ein Wunder.

Zu einem echten Problem jedoch entwickelt sich das, wenn man im Herbst nach- oder dazupflanzen will und nicht genau die Position kennt, in der sich die alte Anlage genau befindet. Das Neugepflanzte soll das Alte aufnehmen und ergänzen. Wir müssen also sehr exakt arbeiten, und das geht dann nur mit einem mehr oder weniger maßstabsexakten Plan, mit Fotos der Erstpflanzung und Notizen. In diesen Notizen ist es sinnvoll, Blühfolgen und Pflanzenhöhen festzuhalten, damit das Neue sich mit dem Alten zusammenfindet.

Unsere Vorhaben beginnen zunächst im Kopf. Grundlagen sind das genaue Betrachten von Gartenpartien und das Fixieren von Details durch Fotos und kleine Aufmaßskizzen. So halten wir den Ist-Zustand fest, möglichst in den verschiedenen Jahreszeiten. Diese Notizen helfen uns, Entscheidungen zu treffen und Positionen festzuhalten, auf denen wir aufbauen können. Gartenkalenderdaten anzulegen, eine Art von Gartentagebuch im Groben oder Feineren zu führen, das muss nicht immer Arbeit, kann sogar Freude sein und zu einem noch bewussteren Blick verhelfen. Wann hat der erste Mohn geblüht? Sah die Rose zusammen mit der Clematis farblich nicht sehr schräg aus? Durch die Fixierung seiner Erkenntnisse und durch Vergleiche ergibt sich auf Dauer eine größere Kenntnis und dadurch ein großer Gewinn. Ein Fotoalbum nur für den Garten anlegen. Samentüten auch gleich mit einkleben. Sorten von gepflanzten Rosen und Stauden schriftlich festhalten, denn die Etiketten der Pflanzen gehen über die Zeit hinweg durch Wind und Wetter verloren. Und Adressen von Züchtern, Tipps über Spritzmittel, kleine Tütchen mit höchstpersönlichem Samenraub mit entsprechender Herkunftsnotiz: Das alles kann kunterbunt aussehen, aber schließlich ist es nichts anderes als ein Abbild des Gartens im Entstehen, Entwickeln, Vergehen und Trotzen – also kaum anders als unser eigenes Leben.

Weidenkorb und Korbweide

Der Herbst hat es manchmal so in sich. Er erscheint sonnig, regnerisch, nasskalt und knisternd-trocken zugleich. In seiner Wechselstimmung ist der Herbst nicht sehr behaglich. Ich betrete dann den Garten eher als Arbeitsmensch als Erholungssuchender. Und selbst das sehr selten. Bei zunehmender Unwirtlichkeit erwacht bei mir der stechende Wunsch, im behaglichen Heim Weihnachtspünsche und Glühweine auszuprobieren. Die Natur wird es draußen schon mehr oder weniger allein richten. Bei den vier Apfelbäumen war das Wesentliche an Obst geerntet worden. Wir wollten aber immer noch das Fallzeugs zusammenharken. Aber bei diesem Wetter? Die neuen Weidenkörbe hatten wir schon auf die Wiese unter die Bäume gestellt für einen Spontaneinsatz. Wenn die Gelegenheit günstig wäre, dann legten wir mit dem Gartenputzen ernsthaft los.

Ich bin bekannt für hervorragenden Glühwein, mit Apfelsinensaft vermischt und etwas Cayenne, um ihn feuriger zu gestalten. Seit ungefähr drei Wochen ist ein Kommen und Gehen: Jeder will mein Wintergetränk probieren, manchmal auch zwei oder drei. Es ist sehr gesellig hier. Bei der Heiterkeit über den Herbst hinweg ist nie der wahre Schwung aufgekommen, der in

Richtung Garten zielt. Draußen ruht die Natur. Der Schneefall holt uns ein in unserer Arbeitsplanung. Wir kümmern uns bei Schnee ausschließlich um unsere Einfahrt, die uns beim Schneeschippen groß wie ein Fußballfeld vorkommt. Dies ist Arbeit genug.

Erst im Frühjahr nach der Schneeschmelze nehmen wir uns des Gartens wieder an, grün wird es dann von alleine. Zum Frühjahr haben wir zum Rotweinpunsch nicht mehr die rechte Fühlung. So entwickelt sich unsere Lust auf die Natur. Es vergeht immer eine gewisse Zeit, bis aller Schnee vollständig weg ist und der Garten ohne weiße Barriere. Dann sind Zeit und Kraft für die Konzentration auf das Draußen wieder zurück.

Mit der wärmenden Frühjahrssonne überkommt uns der Ordnungssinn und wir werden wieder zu Gärtnern. Das Frühjahr gibt uns neue Ziele, aber konfrontiert uns auch mit alten Spuren des vergangen Jahres. Das Arbeiten kann beginnen. Auch die Weidenkörbe könnten nun langsam mal weggeräumt werden. Wir stehen vor ihnen. Seltsam, dass sie weißliche Kätzchen und kleine Triebspitzen tragen. Hat die jemand für uns dekoriert? Der hätte ausgesprochenen Schönheitssinn. Wer könnte uns erfreuen wollen mit derartigen Ausschmückungen? Wir sind entzückt von den Frühlingskörben und wollen sie gern zur Osterdekoration auf die Terrasse stellen. Ich hebe und zerre, reiße und drehe. Die leeren Körbe sind zwar ohne irgendeine Füllung, jedoch keinen Zentimeter zu bewegen. Sie sind fest mit dem Boden verankert, irgendwie festgewachsen. »In drei Wochen bekomme ich Gartenhilfe, dann müssen wir eben zu zweit dem Problem zu Leibe rücken«, sage ich meiner Frau.

Aus den kleinen grünen Trieben sind bereits schon 20 Zentimeter lange Schosse geworden. Die Körbe sind vollständig grünblättrig. Ich will mit meinem kräftigen Gärtner und dem energischen Einsatz von Heckenschere und Spaten Ordnung machen. Dieser meint, die Körbe seien inzwischen angewachsen und fest verwurzelt. Das sei nicht so einfach wie ich mir das vorstellte – oder aber die Körbe gingen zu Bruch. Übrigens sei das Beschneiden von Gehölzen ab 1. April wegen des Vogelschutzes streng verboten, daran würde er sich zumindest halten. Er empfiehlt es auch deshalb so deutlich, weil mein Nachbar bekannt ist für seinen Anzeige-Fimmel.

Mein Gärtner will die Körbe bis zum Herbst einfach nicht anrühren, dann wäre der passende Zeitpunkt. Im Übrigen seien die Pflanzen sehr gut entwickelt: kerngesunde Gehölze. Ich solle ruhig alles abwarten, weil die Triebe zu hervorragenden runden Weidenbüschen heranwachsen werden. Von denen könne man doch jährlich lange Ruten schneiden: für Weidenkörbe.

Seit dieser Nachricht ist meine Glühweinsaison bereits schon wieder im April eröffnet.

Schwarz und Vergiss mein

»...

Weißt du, in welchem Garten
Blümlein Vergiss mein steht?
Das Blümlein muss ich suchen,
Wie auch die Straße geht.

's ist nicht für Mädchenbusen,
So schön sieht es nicht aus:
Schwarz, schwarz ist seine Farbe,
Es passt in keinen Strauß.

Hat keine grüne Blätter,
Hat keinen Blütenduft,
Es windet sich am Boden
In nächtig dumpfer Luft.

Wächst auch an einem Ufer,
Doch unten fließt kein Bach,
Und willst das Blümlein pflücken,
Dich zieht der Abgrund nach.

Das ist der rechte Garten,
Ein schwarzer, schwarzer Flor:
Darauf magst du dich betten –
Schleuß zu das Gartentor!«

Dies sind nun die Erfahrungen eines Müllerburschen mit einer schönen Müllerin, die dieser vor 200 Jahren bei Wilhelm Müller machen musste und die Franz Schubert zum Klingen brachte. In dieser angeblich so heilen Vergangenheit gab es bereits die moderne Depression, hier ausgelöst durch Liebesleid. Solche Trauerstimmung verbindet sich mit einer Farbe und einer Blume der Phantasie, die eine Umkehrung des Liebesglücks ist. Die ursprüngliche Blume als Liebesbeweis wird zur Totenblume. Beim Müller ist es kein Verliebtsein in den Tod an sich, sondern seine Verzweiflung erfindet sich die eigene Todesblume Vergissmeindoch. Viermal schwarz in diesem Gedicht, immer durch Verdopplung verstärkt. Das Schwarz wird immer schnell mit dem Tod zusammengebracht. Diese Verbindung zieht sich wie ein Faden durch unsere Kulturgeschichte: bereits in der griechischen Anschauung führte der Weg in das Totenreich über den schwarzen Fluss Styx auf einem schwarzen Nachen. Daher macht es auch Sinn, wenn der Müller eine schwarze Blume sucht. Aber schwarze Blumen, gibt es die überhaupt?

Es gibt keine wirklich schwarze Pflanze. Es gibt viele Farbtöne, die sehr nahe am Schwarz sind, mal bräunlich, mal grünlich. Konkret: Hornveilchen mit fast schwarzvioletter Farbe, Lampenputzergras mit braun-schwarzen Blättern, Ziermais von seltener Sorte, Grünkohl, so braun, dass er schon fast schwarz ausschieht, bei den Zwiebeln die bekannte ‘Queen of Night’, die Tulpe ‘Black Hero’ und die bläulich-schwarze Kaiserkrone *Fritillaria tuntasia*. Stauden wie die Stockrose, die zum Färben von Rotwein bereits im Mittelalter genutzt wurde, dann gibt es den Schlangenbart als Schattenstaude, den Storchschnabel mit seiner schwärzlich-purpurnen Blüte, die *Aster latfolius* 'Lady in Black' mit grünlich-schwarzem Laub und vieles mehr, besonders aber den Neueeländer Flachs, der als 'Platt's Black' nahezu wirklich schwarz ist. Bambus in Schwarz? Alles ist möglich …

Ist die heutige Zuwendung zum Schwarz im Blumenbeet ein Zeichen einer Depression? Oder eine ästhetische Überspanntheit? Den Farbkreis noch einmal genau betrachtet: Dort gibt es weder Schwarz noch Weiß. Schwarz ist insofern keine Farbe. Im Regenbogen gibt es kein Schwarz. Daher kann das Schwarz von Pflanzen nicht farbaktiv, sondern nur als Kontrast eingesetzt werden, um dunkle Flecken gegen hellere zu setzen. Genau dieses kann Ruhe und Konzentration in eine Gartengestaltung bringen. Und das Wechselspiel der Farbklänge beruhigen. Das Schwarz wird immer nur im Zusammenspiel mit helleren Tönen bewusst sichtbar. Damit ist es ein pflanzästhetisches Hilfsmittel und nicht unbedingt seelischer Ausdruck des Gärtners, der aus dem Leben scheiden will.

Was Schubert nicht sagt, ist, dass in dunkler Nacht selbst das strahlendste Vergissmeinnicht-Blau wie durch Zauberei zum Schwarz wird, die Nacht dieses Blümlein umkoloriert. In der Nacht, im Schlaf, dem Bruders des Todes, kennen wir ausschließlich nur Vergissmein-Blumen. Das Wundersame ist jedoch, dass viele Blumen erst in der Dunkelheit ihren Duft kräftigst verströmen, uns ins Taumeln bringen und uns damit versöhnen.

Entspannung geht vom Garten aus

Mein Obsthändler, der die wunderbarsten Früchte für mich bereithält, müsste sehr wohl wissen, was der wirkliche Höhepunkt seines Ladens ist. Wer nun erwartet, es wäre ein rotbackiger Apfel einer alten Zucht, eine Apfelsine von einer besonderen Finca, eine Birne aus Italien von einem milden Südhang, der wird enttäuscht. Das liebste Obst ist dem guten Manne eine Flasche Bier.

Natürlich kennt jeder das Phänomen, dass der Schuster die schlechtesten Schuhe, der Schneider abgerissene Knöpfe, der Tischler wacklige Stühle hat. Und Rechtsanwälte führen sehr wenig Streitereien in persönlicher Sache. Die intensive Beschäftigung mit dem eigenen Feld macht das Interesse mürbe – wenn es dann etwas im Privaten zu agieren gilt, lässt die Kraft dies kaum noch zu.

Ist das mit dem Garten auch so? Gibt uns der Garten als grünes Lebewesen mehr an Stärke und kommt aufmunternd auf uns zu? Können wir stets und ständig Begeisterung und Schwung für den Garten haben, oder brauchen wir auch eine Pause, ein Fünfe-gerade-sein-lassen, das, was bei dem Obstmann die Flasche Gerstensaft ist?

Ich beobachte an mir ein Übermaß. Es gibt zu viele Bücher mit zu viel vergleichbarem Inhalt. Es gibt zu viele Gartenzeitschriften, mit denen die Natur nicht neu erfunden werden kann. Ich war in der Bücherei und wurde taumelig, weil es viel zu viele Ratgeber gibt. Stehe ich vor einem Ständer mit Sämereien, komme ich nicht zum Kauf, weil zu viel zu bedenken ist. Der Garten ruft nicht nach mir. Oder ich höre zumindest nicht hin. Es gibt zu viel Unkraut. Ich bin ausgebrannt.

Diesjährig werde ich wohl erleben, was Spontanvegetation ist. Ich werde erkennen, wie die Kraft der Natur mein über Jahre gehütetes Kompositionsgeflecht auf brechen wird und Eroberungen vornimmt. Bis die Bäume in der Regenrinne wachsen, ist jedoch noch eine länger Weile hin. Aber einfach nur Durchatmen ohne irgendeine Verpflichtung. Ein Umhüten, das Umsorgen, tüchtiges Bewässern zu allen Tagenzeiten, vor Wind und Unbilden schützen, das möchte ich so gern einmal nur ein Jahr lang aussetzen. Ferien von den Pflichten. Es soll mir egal sein, ob der Gewittersturm meine hohen Malven knickt, ob hier oder dort etwas vertrocknet, was dann wohl von vornherein falsch gepflanzt gewesen sein mag. Der Garten als Geißel, die mich antrieb. Diesjährig wird der Arbeitsdruck vollständig ausbleiben. Der Garten wird nur noch Erholungsort sein.

Ob das die Rosen wohl durchhalten? Im Juni erscheinen wahrscheinlich so wie immer die Läuse. Da könnte man doch in einem winzigen, kurzweiligen Prozess zumindest die zwei Lieblingsbüsche spritzen. Meine Einfahrt hat nun seit sechs Jahren die großen Kübel mit den mächtigen Agapanthus. So schwingt bei meiner bescheidenen Behausung immer etwas wie

Schloss-Charakter dem Besucher entgegen. Hierauf kann ich auch in diesem Jahr nicht verzichten, also düngen und regelmäßig wässern. Und im Sommer, wenn ich meinen Herrenabend mit Matjes und Genever wie immer zelebriere, sollen meine Besucher wie bisher staunen, dass ich wie in Holland frischesten weißen Vogelsand in die Fugen meiner Terrasse gefegt habe. Dann ist ja schon beinah Zeit, die grünen Sommeräpfel zu pflücken und in den Mund zu stecken. Wie im Nebenbei kann ich die Brombeeren bei dieser Gelegenheit noch hochbinden und die Zitronenbüsche in Fasson schneiden, denn die vorwitzigen Ausreißertriebe schauen mich immer so unordentlich an. Das wird alles sein, was mein Garten von mir bekommt, schließlich ist dieses Jahr die Phase der Entspannung. Ich sollte aber doch vielleicht im Herbst unter die Büsche nahe am Weg eine ordentliche Portion Actea-Dichternarzissen setzen. Die verwildern immer so schön, das habe ich nachgelesen. Wenn ich vielleicht dreihundert Stück in feinen Bögen pflanze, etwas Sand in die Pflanzlöcher gebe und dann zweimal gut mit Dünger versorge, dann müsste das zu einem wunderbaren Frühlingsauftakt zurechtwachsen. Im nächsten Jahr.

Weltumspannend: Ein Zaun ist kein Zeichen von Freiheit

Was haben die Nordfriesen (»Lieber tot als Sklave!«), die Neuengländer in New Hampshire (»Live free or die!«) und die Bayern (wo »gemeiner Hund« ein Kosewort ist) gemeinsam? Alle haben einen harten Schädel und damit die Empfindung, über ihnen stünde nur noch der liebe Gott. Dieser spezielle Menschenschlag kennt keine Angst. Und das kann man in der Landschaft erkennen! So kurvt in Neuengland die Landschaft auf und nieder und bricht sich direkt an der Haustüre. Im bayrischen Chiemgau wechseln Wald, Feld und Wiese, um unmittelbar am Haus auszulaufen. Keine Hecke, kein Zaun.

Auch die Friesen kennen keine Abgrenzung, ihr Land endet ebenfalls ohne Barriere direkt am Haus. Obgleich so verschieden und in vollkommen anderen Zonen, liegen die Häuser in die Landschaft eingebettet. Und überall kommt die Natur unmittelbar an die Hausmauer, die Veranda oder die roten Backsteine. Kein Zaun, kein Wall, keine Hecke: Eine Trennung von der Außenwelt wird nicht vorgenommen.

Das Haus ist Bestandteil des Ganzen. Man selbst ist Bestandteil der Landschaft. Mit diesem (Selbst-)Bewusstsein und der Selbstsicherheit fühlt man sich sicher auch ohne Abgrenzung. Ein Zaun darf keineswegs die Welt ausgrenzen und auch umgekehrt nicht den Menschen einengen. Umso freier man sich fühlt, desto weniger kann man Schranken ertragen. Und dies ist bei den Friesen ebenso wie hier am Chiemsee. Natürlich kann man nicht lupenrein bei tatsächlich jedem Haus eine solche Situation vorfinden, genauso wie regionale Besonderheiten überall sich verwischen. Gerade in dörflichen Gemeinschaften ist dieser Charakter nicht mehr so deutlich, dennoch ist er typisch. Solche Einpferchungen wie in dem alten DDR-Gebiet, wo jeder seinen Individualgrenzzaun noch zur Verdeutlichung der Lebenssituation brauchte, sind zu Zaun gewordene Angst. Dort lassen sich kurioseste Zaunvarianten finden. Kunsthandwerkliches Bemühen von Hobbyhandwerkern brachte die bizarrsten Konstruktionen hervor. Am Individualzaun zeigt sich, wie in Unfreiheit durch ein Zaunbauwerk ein Individualreich geschaffen werden sollte.

Natürlich hat der Bayer auch seinen Zaun. Damit schützt er sein Gemüse vor Rehen, aber nicht die Familie vor Fremden. Zur Abgrenzung braucht es keinen Zaun, sondern innere Haltung. Wer aber im Moment dabei ist, über einen Zaun ernsthaft nachzudenken, sollte sich die Sitte der Holländer vergegenwärtigen: Diese haben noch nicht einmal Vorhänge im Fenster, und das Schlafzimmer ist auch nur ein Zimmer wie alle anderen auch.

Gartenmode

Viele von uns Gartenfreunden sind fleißige Leser von Fachliteratur und Zeitschriften. Häufig vergnügen wir uns an Bildern, studieren diese immer wieder neu und wägen ab, ob die dort gezeigten Lösungen eine Rettung für unsere eigenen Unzulänglichkeiten sein könnten. Trotz dieses selbst empfundenen Verbesserungsstrebens lassen wir uns ungern sagen, dass wir geschmacklich auf der Suche sind. Denn Geschmack ist Privat-, ja nahezu Intimsache, und Geschmack habe ich sowieso. In meiner Selbsteinschätzung sehe ich mich als sicheren Pol, quasi als Erdrotationspunkt und auch als Äquatorteilung in Geschmacksfragen. Ich halte viele meiner Kompositionen für einzigartig und gelungen. Aber genauer betrachtet ist meine Geschmacksfestigkeit genauso stabil wie das strömende Blatt im Gebirgsbach.

Wir werden mitgerissen von Stilentwicklungen, Modeströmungen und Momentanideen und glauben vermeintlich, unsere Kreativität oder gar Schöpfung wären unsere ureigensten Entscheidungen. Jedoch kommen unendlich viele Dinge auf den unterschiedlichsten Ebenen massiv auf uns zu. Viele von uns wählen das, worin sie sich bestätigt oder sicher fühlen und was in ihrem Umfeld opportun erscheint. Was heute im sozialen Gefüge nicht aktuell ist, wird gern als minder abgetan, mögen der Wert und Charakter ehemals sogar von großem Ausschlag gewesen sein.

Es gibt für diese Entwicklungen viele Bespiele jüngster Zeit. Einige heißen Essigbaum, Zuckerhutfichte, Rosenbeet. Innerhalb einer für Gärten kurzen Zeitspanne von vielleicht dreißig Jahren wurde der aus Amerika stammende Essigbaum, der durch sein Blattwerk, seinen beschwingt-gebogenen Wuchs und seine wunderbare Herbstverfärbung breiteste Beliebheit erfuhr, bei uns fast zu einem Unkrautgewächs degradiert. Werden Häuser verkauft und dabei Gärten »erneuert«, so wird als erster Akt zunächst der Essigbaum komplett herausgerissen. Gibt es überhaupt noch ein einziges Exemplar in irgendeiner Baumschule zu kaufen? Ich suche dringend so etwas Altmodisches!

Die langsam wachsende Zuckerhutfichte mit ihrem eigenen Grün wuchs über die Jahre aus den Herzen der Gartenfreunde heraus. Dabei sieht sie als Kegel von Weitem wie ein extrem teurer Buchsbaum- oder Eibenkegel aus. Regelmäßig scharf beschnitten hat sie eine leicht zartere Grünfärbung und ist ebenso vollkommen dicht wie ebenmäßig. Ob es daran liegt, dass durch ein Übermaß an Fichten- und Nadelzeugspflanzungen in den Nachkriegsgärten inzwischen eine Aversion erwuchs? Ich muss gestehen: eine Reihung von Zuckerhutfichten mit Buchenkegeln im Wechsel sieht für mich sehr fein aus. Warum bin ich inzwischen der einzig Übriggebliebene dieser Zuckerhutfichtenliebhaber?

Das Rosenbeet, das früher großzügig und einheitlich mit

nur einer Rosensorte massiv bepflanzt und als eine große, übersichtliche Einheit empfunden wurde, besteht heutzutage häufig aus einem Sammelsurium singulärer Einzelpflanzen, quasi wie ein Rosenalbum. Man geht herum und betrachtet die seltenen Funde oder günstigsten Angebote, mal verwundert, mal interessiert, immer aber erschüttert, wie groß die Zahl der Rosenmöglichkeiten ist. Ein Beet mit einhundert gleichen Rosen ist ein Ausnahmebeet geworden. Hier war früher die Gesamtwirkung der Pflanzwille. Auch im Detail ist die Rose schön, aber hundertmal gepflanzt erhöht sie ihre Wirkung vielleicht tausendfach.

Ist die ehemals beliebte Waschbetonplatte Jahr für Jahr tatsächlich hässlicher geworden und erinnert heute überhaupt nicht mehr an festgestampfte kleine Flusskiesel? Diese werden heutzutage säcke- und grammweise lose verkauft und bedecken dann Wege, ziemlich teuer jedoch und knirschend und beweglich und mit Steinchen, die leicht durch den Rasenmäher zu Wurfgeschossen werden. Das Rosenbeet, der Waschbeton, der Essigbaum werden fremdartig. Man begegnet uns als Besitzer dieser Altertümer mit einem wissenden Blick um unsere Spießigkeit.

Wir befinden uns in einem Geschmacksfluss, in dem wir uns festklammern oder mitreißen lassen müssen. Ich kann mir sehr gut ein Leben mit all den Spießerutensilien vorstellen und bin somit vielleicht eher ein Klammertyp. Mein Stilempfinden wird sich auch weiterhin an dem entwickelnden Lebensumfeld orientieren, jedoch weniger, wenn es lediglich eine Mode ist. Im Gegensatz zum Zeitgeist, der durch die Geschmacksentwicklung von nahezu Unzähligen sich breit entwickelt und mitgetragen wird, ist die Mode eher etwas Aufgesetztes und Vordiktiertes von wenigen.

Ebenso wandelbar verhält es sich mit der Möblierung. Die fünfziger Jahre stellten vorrangig gestrichene Eisenmöbel in den Garten. Dann folgte der hölzerne Klapp-Liegesessel aus Buche, ein weißes Industrieprodukt. In den siebziger Jahren musste jeder Gartenmensch eine Gartenbank besitzen, die in der Regel aus Holz und weiß lackiert war. Die achtziger Jahre wurden eingeläutet mit Teakholzkonstruktionen, die massenhaft aus Asien zu uns kamen, weil man nun einen natürlicheren, eher ländlichen Einrichtungsstil bevorzugte und von dem strengeren und architektonischeren Weiß Abstand nahm. Nach Besonderheiten in Aluminium, Kunststoff und weiteren neuen Erfindungen sind es heute Kunststoffgeflecht-Möbel, die der Mensch sich in den Garten stellt. Und das eher aus modischen Gründen als aus einer Entwicklung einer verfeinerten Lebensart heraus. Denn es wird dabei zu häufig vollkommen vergessen, dass Haus und Garten eng verzahnt sind, eine Gesamtheit bilden und damit eine gemeinsame Stilsprache fordern. Diese kann im ländlichen Bereich durchaus die lange Holzbank vor der Tür verlangen oder den beschwingten Eisenstil der fünfziger Jahre auf einer entsprechenden Terrasse. Die Architektur fordert und wird nur von wenigen gehört.

Müssen wir uns jeden Schuh anziehen und alles Neue mitmachen? Es gibt selbstverständlich keinen Rat, wie mit diesem Dilemma umzugehen ist. Vielleicht sollten wir unserem Gefühl mehr Raum geben und weniger den Geschmacksströmungen. So kann ein Wasserbecken aus Stein die allererste Anschaffung für unseren Garten gewesen sein. Ein Apfelbaum wurde zur Taufe des Sohns gepflanzt. Die üppigen Farne in der dämmrigen Partie unter den zwei Buchen habe ich früher einmal ausgegraben im tiefen Wald, weil sie mir zuwinkten: »Nimm mich mit!« Es können also Leuchttürme unserer eigenen Geschichte sein. Es sind mehr als nur Gegenstände.

Wie immer wird die Liebe uns die größte Lebenshilfe selbst in Geschmackfragen sein. Vielleicht könnten wir uns in Liebe erinnernd konzentrieren auf unsere Eltern und Vorgänger, wie diese sich wohlgefühlt hatten in ihrer Hollywoodschaukel, mit ihrem Steingarten, unter ihren Obstbäumen oder beim Pflanzen des Essigbaums. Gewiss wird durch die Herzenswärme noch etwas in unsere heutige Zeit herüberstrahlen und uns vor den Erbstücken freundlichen Respekt geben. Diese Sorgfalt mit unserem unmittelbaren Lebensumfeld könnte uns Lebenstiefe und persönliche Geschichtsempfindung schenken, was in der Jagd nach dem stets Neuen kaum denkbar ist. Unsere Nerven werden geschont. Und häufig das Bankkonto. Dazu braucht es Selbstbewusstsein.

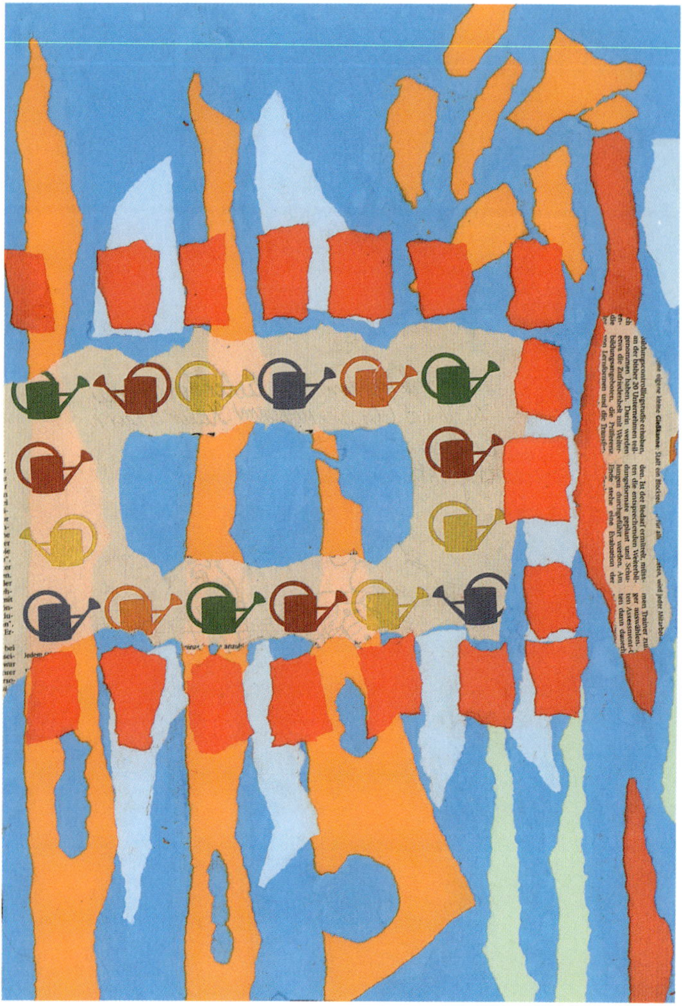

Sommerzeit ist Bewässerungszeit

Pflanzen sollen gut behandelt, aber nicht verzärtelt werden. Durch ständiges Behüten und Befeuchten entwickelt die Pflanze keine Eigeninitiative. Dann bilden die Wurzeln sich weniger aus und in Krisenzeiten (einen Tag vielleicht nicht ganz so gründlich bewässert) weiß sich die Natur nicht recht zu helfen, weil die Anlagen fehlen. Nicht verwöhnen, aber dennoch mit Zuwendung bedacht zu werden, so will es die Pflanze.

Wasser ist nicht gleich Wasser. Mit dem Nass kommen Elemente zu den Wurzeln hingeschwemmt, die teilweise sehr nützlich, teilweise bei einigen Pflanzen sehr schädlich sind. Darum braucht ein guter Gärtner hier im Vorgebirgsraum immer zwei Wasserarten: das etwas kalkige, harte Wasser für Pflanzen, die dies bevorzugen. Und für Rhododendren oder Zitronen zum Beispiel niemals Kalkwasser, sondern möglichst weiches Regenwasser. Wenn man während der Hauptwachstumszeit in Maßen Dünger und Spurenelemente in das Regenfass einbringt, so ist im Vorgang des Gießens das Düngen gleich miterledigt.

Gärtner aus alter Zeit machen es so, dass sie stets eine große Anzahl von Gießkannen in Benutzung haben. Diese werden morgens gefüllt und so mit der Längsseite aufgestellt, dass die Sonne das Wasser den Tag über erwärmt. Gegossen wurde abends. Nun gibt es Theoretiker mit der Auffassung, man solle nur morgens gießen, weil der Abendguss schwerer vom Blattwerk abdunstet und somit Pilze befördere. Der Morgenguss ermöglicht stattdessen ein schnelles Verdunsten in der Tagessonne. Diese Feinheiten einmal zu Ende gedacht: Wer seine Pflanzen überplatscht, der sollte das morgens tun. Wer nur den Bodenbereich benetzt, eher abends und hat dann noch den Vorteil eines erheblich wärmeren Wassers und das schöne Gefühl des Gusses als Gruß zur guten Nacht. Gartenkunst ist eine Wissenschaft, und da darf immer viel gestritten werden.

Da das Wasser aus dem Leitungsnetz kommt und daher auch als Abwasser abgerechnet wird (es aber nicht ist) wird ein großzügiger Gießer schnell zum armen Mann. Insofern sind Wassersammelstellen auf Dauer sinnvoll wegen des weicheren Wassers und wegen der Kostenersparnis. Wenn aber alle Tonnen und Töpfe, Kannen und Gefäße nun eine Grenze der Wassermenge haben, wie kann man dann das Optimale damit erreichen?

Durch das Trocknen des Erdreichs ergeben sich feinste Risse und Spalten. Geben wir nun darauf einen heftigen Schwall, so wird ein Großteil des Wassers durch diese Risse verloren in die Tiefe fahren. Daher gießt der Profi-Gärtner logischerweise in zwei Etappen: zunächst ein kleiner Vorguss (um durch Quellung die Risse zu schließen) und später der eigentliche Großguss. Bei Kübelpflanzen hilft ein Unterteller, Wasser zu binden (aber Vorsicht, nicht jede Pflanze mag lange im Wasser stehen!).

Beim Wässern mit dem Schlauch kann man häufig sehen, dass ein großer Teil des Wassers überhaupt nicht dort ankommt, wo hingespritzt wird: An häufig lockeren Verbindungen, aus alten siebartig durchlöcherten Schläuchen wird Wasser kreuz und quer durch den Garten gejagt, nur nicht dahin, wo es hin soll. Schlauchqualität und Schlauchpflege gehören mit zu den Sorgfaltspflichten des Gärtners, wenn er sparen will.

Leider kann man mit dem Sparen im Herbst nicht aufhören; denn das Gießen ist noch nicht beendet. Außen- und auch Kübelpflanzen benötigen auch im Winter Wasser. So verliert Buchsbaum ständig durch Verdunstung Feuchtigkeit, selbst bei Frost. Daher müssen alle offenen Gartentage genutzt werden, um die Pflanzen zu tränken.

Balkongärtner sind Gärtner des Herzens

Im weiten Bogen nähere ich mich dem Balkonthema: Wenn man einen Hundezüchter fragt, ob er seine Tiere eher an Hausbesitzer mit Garten oder an Wohnungsbewohner abgeben will, ist die Überraschung groß, weil der Wohnungsmensch bevorzugt wird. Denn dieser ist gezwungen, viermal täglich im Gehen sich eng mit seinem Hund auseinanderzusetzen. Der Häusle-Mensch braucht den Hund im Zweifelsfall nur in den Garten zu entlassen. Die Bindung entwickelt sich in anderer Tiefe.

Genauso kann die Frage nach dem Gärtner der Scholle oder dem des Balkons beantwortet werden. Lassen wir einmal diese merkwürdige Art von Balkonen als Gerümpelabstellplatz, als Ort der Wäschespinne außerhalb der Betrachtung. Der Lebensraum Balkon ist ein naher Ort, bei dem die Pflanzen unmittelbar erreichbar sind. Zwischen Kaffee und Kuchen kann man sie betreuen. Sie sind zur Betrachtung sehr nahe. Fast tritt man in ein körperliches Verhältnis zum grünen Individuum. Insofern kann ein Balkongärtner ein sehr leidenschaftliches Gartenleben entfalten. Häufig wird jeder Quadratzentimeter für Blumen genutzt.

So aber wie der Apotheker sein Wundermittel nur seinem Nachfolger verraten wird, genauso behutsam wird in manchen

ist immer
noch besser

Gegenden mit den Geheimnissen der Balkonbepflanzungen verfahren. Der Kenner des Landes weiß um die rätselhaften Wettbewerbe vieler Bauersleute, wer den kolossalsten Balkonschmuck besitzt. Der Höhepunkt ist immer der frühe September, wenn die Pflanzen voll ausgewachsen sind. Dann sieht man in vier, fünf langen Reihen übereinander üppigste Blütenkaskaden. Unerklärlich bleibt, woher diese Wuchskraft stammt. Es ist unbegreiflich, dass die Fassade unter dem Gewicht der sprießenden Pflanzenmassen nicht vornüberkippt. Die Balkone bleiben Geheimnisse.

Die überbordende Fülle ist ein Ausdruck der Begeisterung. Hier können Menschen zeigen, dass sie ihre Umwelt selbst verschönern können.

Selbstverwirklichung ist zwar ein strapazierter Begriff, aber in dem Ausleben der Überfülle kann man erst feststellen, was man wirklich mag, was man an Pflanzen braucht, um glücklich zu werden. Der Balkon ist auch ein Freiraum, sich mit einem Kissen auf die Brüstung zu lehnen und dem Gesang der Amseln zu lauschen. Ein Balkongärtner kann allein schon durch die räumliche Nähe der Natur viel enger verbunden sein als ein anderer mit einem großen Park. Der Tratsch über die üppigsten Geranien, den besten Dünger und alle Kniffe der Balkonkünste bringt uns weiter: Wir brauchen Menschen, die über ihr Grün reden und Geheimnisse weitergeben.

Ausreißer

In jeder Klasse gibt es einen Oberwitzbold. Von jedem Auto gibt es eine Montagsausgabe. Nun hat man sich vor einem halben Jahr einen Beutel von weißen Tulpen zu einem stattlichen Preis schicken lassen und stellt heute fest: Witzbolde, Autos und Tulpen sind keineswegs so verschieden. Denn eine der fünfzig Tulpen ist nicht weiß und leicht geschlossen, sondern feuerwehrrot und hat dazu noch spitze Blütenblätter. Wir haben einen ärgerlichen und vorwitzigen Einzelgänger, einen Ausreißer aus unserer schönen Gartenordnung. Im Versandgeschäft gilt das harte Gesetz des Fernabsatzes, aber tatsächlich nutzt es wenig, die Einzeltulpe auszugraben, zu reklamieren und auf eine neue zu warten. De facto haben wir uns in den Finger geschnitten, obgleich wir die Zwiebeln bei Empfang ehemals sorgfältig angeschaut hatten. Was nutzt das wunderbare Recht, wenn die Tulpe tief im Boden steckt und mit ihrer etwas frechen Abweichung unser Schönheitsbild verunziert?

Zwölf gleiche Rosenbüsche hat mein Nachbar gesetzt, eine einzelne Rose wird gelb anstatt rot. Selbst beim Ausreißen und späteren Nachpflanzen kann die Rosenreihe nie mehr so richtig das werden, als was sie geplant war, weil die Pflanzen unterschiedlich alt sein würden. Bei meiner Samenaussaat entwickelt sich scheinbar der Löwenzahn besser als das Saatgut. Überall ist Ärgernis. Wir hatten so sorgfältig geplant und im Detail ist uns alles durcheinandergeraten. Es gibt viele Ausreißer im Garten.

Mit der Natur funktioniert das also nicht ganz so wie mit einem Lego-Baukasten, obgleich uns das viele Anbieter so vorflunkern wollen. Wir müssen zwar nicht immer mit dem Allerschlimmsten rechnen, aber doch mit Ungemach. Man sollte diesen Schwierigkeiten mit flottem Elan begegnen. Mein Vorbild ist Fürst Pückler, der als Obergartenfürst nicht der Gärtner mit dem goldenen Spaten, sondern der mit der goldenen Axt war. Dieser Mensch machte kurzen Prozess. So reißen wir nicht wie nach Bibelratschlag das falschsehende Auge aus, sondern den Falsch-Busch, die Falsch-Tulpen, das irgendwie und unergründlich sich bei uns eingeschlichene Pflanzenunwesen. Wir verlassen wegen Sentimentalitäten nicht unsere große Linie und ziehen unsere Gartenordnung durch, mögen die grünen Garten-Sensibelchen noch so zetern über unsere Konsequenz. Spontanvegetation, Unkraut, Fehlkäufe, Ausreißer, dies sind die Dinge, die unsere ausgewogene Geschmacksempfindung in unser Konzept kaum integrieren kann. Unkraut ist schließlich nicht mehr als ein Kraut. Und Kraut und Rüben haben wirklich nicht überall etwas zu suchen.

Mag sich irgendwo in einer Gartenecke ein Refugium für die fehlgeleiteten Pflanzen, quasi wie ein Gnadenhof auftun. Hier hinein kommt alles, was wild herumwächst. Nicht nur Buchsbaumkugeln, die einseitig vertrocknet sind. Ziemlich voll ist es hier bereits. Ziemlich bunt sieht es hier aus. Ziemlich viele

Schmetterlinge scheinen wie besoffen von Blüte zu Blüte zu torkeln. Dieses eine Kraut, das undefinierbar ist, verströmt einen zart-süßen Duft. Bienen brummen herum. Eine Hummel setzt sich auf eine Blume, die groß und schrill-farben leuchtet. Dass die Natur so etwas an Farbe in unseren Breiten überhaupt zulässt? Liegt das an der Wildnis meiner Gartenecke, dass die Farben sich so forsch-frech entwickeln? Wahrscheinlich sind die Pflanzen giftig. Denn auch ein Fliegenpilz sieht so lockend schön aus. Ich werde nun dies genau beobachten müssen, was sich hier in dieser Ecke so tut. Gleich stelle ich mir meine bequemste Gartenbank dorthin, quasi wie einen Hochsitz für meine Entdeckungen. Irgendwie interessant. Abends soll dort eine Igelfamilie quieken, sagt meine Frau. Die hat sich schon im letzten Jahr ihren Liegestuhl hingezerrt, angeblich weil die Sonne nicht so sticht in diesem Eckchen. Frauen haben eine Empfindung, da kommen wir als bodenschwere, gedankenordnende Männer nicht so schnell mit.

Belehrend zum Weg

»Nicht vom rechten Weg abkommen«, ist leicht gesagt, wenn man keinen richtigen hat …

Glücklich ist der zu schätzen, der sein eigenes Haus ganz umwandern kann und dazu noch genügend Raum hat, im Garten verschiedene Plätze anzusteuern. Diese vielleicht nicht immer sehr langen Wege können bereits Erlebnisse kurzer, schöner Momente sein. Ich selbst habe einen langen Weg dreimal sehr kompliziert über eine Rasenpartie, durch ein dichtes Gebüsch, unter hohen Bäumen bis auf ein weiteres Feld hin verlegen lassen. Die erste Wegführung sah auf dem Plan fabelhaft aus, als Erlebnis war sie traurig: Plan-Ästhetik prima, Geherlebnis katastrophal. Ein falscher Weg kann sehr teuer werden, zwei falsche Wege werden bitter teuer.

Welcher Weg ist nun falsch? Worauf muss man achten, wenn ein Weg Erfrischung für Geist und Seele sein soll? Und dieser Anspruch ist noch nicht einmal übertrieben. Es gibt das große Wort »Der Weg ist das Ziel«, womit gemeint sein soll, dass die Befindlichkeit während der Fortbewegung das Wichtige ist und nicht unbedingt der Zielpunkt. Trotzdem ist der Satz natürlich breitverteilter Quatsch; denn der Weg ist der Weg und ein

Ziel bleibt ein Ziel. Aber dennoch kann ein Weg vom Prinzip viel mehr als nur die Verbindung von Punkten sein. Vielmehr ist er eine Erlebnisstrecke. Das kann das Erleben von ständig anderen Blickachsen sein, ein Wechseln von enger und weiter, von finsterer und heller Natur, ein Begegnen von Düften und Besonderheiten.

Man läuft auf einem Erlebnisweg irgendwie los und weiß nicht genau, wohin die Reise geht. Während des Flanierens sollten uns seitlich und vornean Dinge als Anregung ins Auge springen und den Marsch lebendig für das Gemüt gestalten. Ein beliebig gebogener Weg muss verboten werden, denn jede Schlängelung muss als Notwendigkeit nachzuempfinden sein, und nicht allein nur eine reine Biegung: ein Felsbrocken, den es zu umkurven gilt, ein stattlicher Busch, eine Hecke, ein Beet. Haben Sie solch merkwürdige Schlängelwege mit Bewegungen ohne sichtbaren Grund, dann schaffen Sie diese Hindernisse nachträglich! Haben Sie überhaupt noch keinen Weg, dann legen Sie lange Gartenschläuche in der Form aus, die Ihnen vorschwebt, und wandern Sie so lange auf und ab und verbiegen die Formen, bis Sie den endgültige Weg ins Paradies gefunden haben. Sehr wenig beachtet wird die Abfolge von sehr dunklen und sehr hellen Gartenpartien, von Einengungen und Ausweitungen so wie beim Ein- und Ausatmen. Es ist ein weiterer Spaziergenuss. Der Weg sollte – wenn überhaupt – eine unmerkliche Neigung haben oder mit Stufen versehen sein, die eine angenehme Schrittfolge erlauben. Ein guter Weg ist im Garten kaum sichtbar, günstigenfalls etwas tiefer liegend als zum Beispiel die Rasenpartien, damit man ihn von Ferne in der Schrägsicht nicht

wahrnimmt und er keine optische Gliederung von Flächen vornimmt. Der Weg ist ein ausgeklügeltes Gangerlebnis.

Alle Betrachtungen über die Wegbeschaffenheit, das Material, die Wegbreite und so weiter haben als Ausgangspunkt das Gebäude, die Größe des Bereichs und die stilistische Ausrichtung. Als Möglichkeiten zur Verstärkung des Charakters könnte man an einem Seegrundstück auf weißem Sand mit Muscheln laufen, in sehr dunklen Gartenpartien auf hellem Bruchmaterial. In Kontrastlagen besteht der Weg aus zerkleinertem Koks, winzigen Glassplittern oder kleingebrochenen Dachziegeln. Es müssen nicht immer Backstein, Beton- oder Granitplatten sein. Auch das Ohr will sein Vergnügen haben und sich erfreuen, dass es so schön knirscht. Vor dem Werk also dringend gründliche Knirschproben machen! Diesmal mit den Füßen.

Ein Garten wie die Liebe

Auch wer nicht unbedingt Experte auf dem Gebiete der Liebe ist, weiß dennoch: Wer verliebt ist, der ist nicht zurechnungsfähig. Das mag sein beim betäubenden Anblick einer naturschönen jungen Dame, das ist wohl auch denkbar beim Anblick eines stämmigen Maurergesellen auf der Leiter. Bei mir wird das Knie schwach, wenn ein wuchtiger Maserati seinen Motor ertönen lässt. Aber wegen eines Gartens richtig aus dem Häuschen zu sein, dazu gehört schon Kennerschaft und Spezialgefühl. Wie soll ich erklären, dass mich ein Gärtlein in Glücksmomente versetzte?

Dieser Garten kam ganz unvermittelt auf mich zu so wie der geliebte Brezelkäfer, der ganz ohne Vorwarnung in einer Garage entdeckt wird. So wie ich ohne jegliche Vorbereitung der braungebrannten Vroni auf der Alm begegnete. Diese Art der Entdeckung von Schönheit geht nicht einher mit Bewertungskriterien wie im Eiskunstlauf. Das Schöne ist ein persönliches Ding. Eine Neun-komma-neun darf auch ein Schwan mit gebrochenem Fittich erhalten, zumindest bei meiner Nominierungsweise. Schön ist, was ans Herz geht, was unmittelbar und vollkommen unreflektiert meine Seele berührt. Ich hatte mich verschossen, verknallt, verliebt. Nun in einen Garten. Um dem Leser nahezubringen, um welche Art von Garten es sich handelte, müsste ich mit Beurteilungsworten sprechen, die alles Zarte und Direkte kaputt machten. Gefühle sind nicht immer mit Worten zu fassen. Aber vielleicht kann ich zumindest eine Ahnung von meinem Zustand vermitteln.

Mich interessieren Land und Leute. Und die kleinen Leute sind manchmal origineller als die mit großem Reichtum. Finanzielle Möglichkeiten entwickeln nicht immer das Kreative, das häufig aus dem Behelfen entsteht. Mit Phantasie werden Einschränkungen überspielt. Aus kleinem Rahmen entsteht manchmal durch das Eigenständige etwas wirklich Großes. Vor einem Jahr entdeckte ich am Ufer des Inn, fast noch im Flussbett, eine Zeile von einem Dutzend Schebergärten. Winzige Gärtlein waren das, teilweise in Auflösung befindlich, teils schon mit dem Fortschritt der Gartenmärkte ausgestattet, einige verwahrlost.

Doch es war ein Wunderwerk an Garten dazwischen: Diesen schaute ich mir eine halbe Stunde lang an. Ich freute mich. Allein das Betrachten war eine Erholung. Wann immer ich in die Nähe kam – selbst bei Umwegen von zwanzig Kilometern – suchte ich diesen Garten auf, um meine Freude mit dem Blick über die Hecke zu beleben. Und das alles wegen eines Kleingartens, der scheinbar noch nicht einmal ein solcher sein wollte? Er war nur ein Ort am Ufer. Dabei wirkte er auf seine Weise aber genauso markant wie die Schönheit in den Bergen: Das Charaktervolle war nämlich das vollkommene Verneinen herkömmlicher Schönheitsregeln.

Dort war es finster, eine Stimmung alles andere als bei einem normalen Beglückungsort. Da war eine schwärzliche Clematis, die sich den grünlich-grauen Pappelrindenstamm hochzog. Kein Sonnenlicht konnte durch die viel zu engen Büsche dringen. Ein äußerst glücklich umgefallener Baum wurde durch höherwachsendes Gras halb verdeckt. Wenn wie zufällig einige Lichtstrahlen durch die Baumkronen fielen, bildeten sie grelle Flecken auf der Wildwiese, die mit grauem, frischen Geröllsplitt in einer Art von Rundweg eingefasst war. Keine Blumen, dafür großes Blattwerk. So ganz klar war mir nicht, ob die Pflanzen dort eigentlich übelstes Unkraut aus Kamtschatka (da stammt viel Gruseliges her) oder feinste Edelstauden von Karl Foerster persönlich waren. Es war ungewöhnlich und bei aller Wildheit ausgewogen und kein Zuviel. Die Blätter, Gewächse, Schlingpflanzen verbanden sich zu einem großen Naturschauspiel. War das so gewollt? War das sorgfältigst geplant? Oder war es einfach nur ein Wunder? Ich liebte diese Stimmung und das Entstandene.

Dieses wunderbare Paradies wurde von mir sicher zehnmal besucht als Labsal in dem heutigen Design- und Gestaltungsgeschehen. Nach der Dunkelheit schauen, die Lichtblitze begeistert erleben, das Gurgeln des Flusses hören. Ich hätte auch Eintritt bezahlt. Auch mich mittenreingesetzt und nichts getan als ein- und auszuatmen. Mein Hund fand es auch sehr spannend, weil ab und an Katzen zwischen den Büschen auftauchten.

Kurz und knapp: Schönheit und Ewigkeit, das passt häufig nicht so recht zusammen. Bei einem jüngeren Besuch entdeckte ich nun, dass der Gartenfreund dort (und ich habe die Vermutung, dass es wohl eine Gartenfreundin war, die hinter allem steckte) schrittweise begann, Dekorationen in den Garten zu bringen. In diese Oase der Natur drang unsere allgegenwärtige Konsumkultur. Ich hatte leichte Torkel-Erscheinungen, als ich Deko-Nistkästen und großzügige Traumfänger wie aus einem Indianer-Andenkenladen entdeckte, die in die Bäume gehängt waren. Mit diesem Wenigen an Schmückungsversuchen wäre die Stimmung um ein Haar umgeschlagen. Wie konnte ich bloß auf jene unbekannten Menschen einwirken, meine Liebe nicht zu zerstören? Man muss von der Liebe nicht viel verstehen, um zu wissen, wie kontraproduktiv derartige Wünsche sein können. Aber an diesem Platze sah ich noch nicht einmal ein Lebewesen: So hatte ich nie die Möglichkeit, jemanden zu bewundern und zu warnen und konnte nie irgendeinen Einfluss auf das Geschehen ausüben. Ich wurde weder Anerkennung, Begeisterung noch Mahnung los. Noch war die Stimmung dort von großem Zauber, Liebeszauber mit etwas bitterem Beigeschmack.

Ob nun der Hund mich trieb oder meine lüsterne Gartensehnsucht: Gestern war ich wieder dort bei hellem, freundlichen Sonnenschein. Mein Auto findet die abgelegene Stelle automatisch, diesmal war es etwas bockig. Mein Hund war nicht mehr der geölte Blitz. Warum wussten alle um mich herum viel früher, welcher Schlag mich treffen würde?

Der Geldsegen war wohl über Nacht auf die Besitzer niedergekommen. Es wurde investiert. Und so wurde ich begrüßt mit einem Neubau einer Holzbretterhütte, fast reiner Zweckbau, fast nur Aufbewahrungskiste für Rasenmäher und Winterreifen. Und das in meinem dunklen Paradies? Halb war sie noch frisch-hölzern, halb war sie in einem strahlenden Hellblau gepinselt. Hollywood-Blau. Ich schüttelte mich. Dann stand dort noch unvermittelt eine Baumarktgartenbank in klarem Kunststoffweiß. Nichts im Garten stimmte mehr. Mein Herz zog sich zusammen. Und in dem Maße, wie ich mich auf alles gefreut hatte, entwickelte sich Zorn. Wie kann ein Mensch in einer grundsätzlich so wunderbaren Ausgangslage mit derartiger Gefühlsrohheit das kunstvoll Ausgewogene missachten? Warum mit diesen so dominanten Eingriffen? Warum wurde dieses so unpassende Material gewählt? Und warum mit dieser zu dem ehemals silbrig-finsteren Farbklang des Gartens so konträr stehenden Farbgeschmacklosigkeit?

Ich schaute nicht mehr lange. Ich fragte mich nicht mehr lange. Ich sah, wie die Spontaneität des ehemaligen Verwebens von Natur, Zufälligem und Gewolltem vollständig vergangen war. Wäre der Garten meine Verlobte, ich hätte den Ring in den Fluss geschmissen. Mit diesem Gefühl fuhr ich von dort ab. Leer und wütend. Ich werde niemals wieder zurückkehren. Nur wer die Liebe kennt, weiß, wie ich leide.

Gartenglück ohne Garten

Ob ein guter Koch ein guter Gärtner ist oder ein Gärtner auch über die Qualitäten eines Kochs verfügt, das ist wohl noch nie so recht erforscht worden. Meiner Meinung nach müssen beide leidensfähig sein, Geduld üben und Körper sowie Geist erfüllt haben mit Fleißeskraft.

So wie ein Koch über Stunden am Herde steht, um ein Sößelchen zu einer Sauce zu komponieren, die zu Weiterem gefügt wird, dann ein Gesamtkunstwerk auf dem Teller ergibt, genauso intensiv mit Kratzen und Harken, Beschnippeln, Düngen und sonstigem Behüten schreitet der Gartenfreund auf die Vollendung zu. Plötzlich ist sie da. Der Teller als Ergebnis vieler Stunden wird in Minuten, gar manchmal in Sekunden, abgeräumt, um über die Zunge Labsal zu werden. Der Gartenfleck voller Harmonie und Ebenmaß, Duft und Stimmung wirkt manchmal nur in Momenten. So zum Beispiel bei schrägem, milden Sonnenstrahl wirkt er vollkommen beglückend. Oder er begrüßt uns mit Überwältigung in einem dunstigen Morgennebel. Unsere Sinne fangen den Moment auf. Kaum erleben wir ihn, schon ist das Erlebnis verflogen durch Änderung der Umstände. Selbst allein der Gedanke »Augenblick, wie bist du schön«

könnte bereits schon zu lang sein. Es sind immer Momentaufnahmen. All die Qual, die Sorge, die Arbeit haben wir nur für diesen Punkt auf uns genommen, der so kurz ist, dass man erst im Nachhinein fühlt, »das war der Höhepunkt«. Aus diesem Wimpernschlag so viel Kraft zu schöpfen, um auf ein Neues ein solches Ziel anzugehen, dazu gehört entweder unantastbare Sturheit oder asiatischer Gleichmut. Gesegnet sei jeder, der nicht verzweifelt!

Im 19. Jahrhundert und in der feineren englischen Gesellschaft heutzutage gehört es einfach mit zum Lebensstil, durch das wässrige Geheimnis hingehuschter Aquarellkunst Garten- und Landschaftsmotive so festzuhalten, dass sie mehr sind als ein Moment und mehr als nur eine klare Situation. In der schwer fassbaren Weise dieses Aquarells mit einem dünnlasierenden Charakter malt der Künstler nicht unbedingt eine feste Gartensituation, sondern den Sommergarten an sich, in seiner Stimmung könnte er einer von vielen sein. Es sind schillernde Sonnengärten, vibrierende Augustluft über Park und Wiese. Mit einem Bild stellt man alle denkbaren Gartenfreuden dar. Und hält sie fest. Das ist möglich. Dieses rettet uns vor dem Verzweiflungsproblem des idealen, aber flüchtigen Moments. Aber wer kann das schon? Ist das nicht noch schwieriger als das Gärtnern selbst? Max Liebermann war in der Lage, durch seine gemalten Gartenbilder eine große Gärtnerschar für den Garten an sich zu begeistern. Mit seinem Schaffen machte er neues Schaffen möglich.

Nehmen wir stattdessen als Menschen heutiger Zeit das passendere Mittel des Fotoapparats. Was halten wir fest? Es ist ein

scheinbares Abbild von einem Auschnitt einer Teilwelt eines Gartenstücks. Bei Wind haben wir verwackelte Blüten. Bei Gegenlicht helle Verfremdungen, und damit ganz nette Bildchen, bloß nicht den Garten. Wir suchen nach dem Wesen. Knipsen wir mit dem Lichtfall, wird alles platt und ohne Tiefe. Auch ich muss begreifen, dass man zum Fotografieren auf seine Weise begabt und angelernt sein muss wie zum Aquarellieren. Keines davon schaffe ich. Ich beobachte jedoch die Künstler, denen manchmal das gelingt, was man als Gartenstimmung bezeichnen könnte. Diese betreten den Garten noch in der Dunkelheit des frühesten Morgens, sprechen von blauen Stunden, die ich beim besten Willen nicht sehe. Wenn mit dem letzten Lichtstrahl die Nacht anbricht, versuchen diese Fotospezialisten noch ihr Glück. Ist es tatsächlich nur Glück? Ist es Können? Ist es beides? Fehlt eines von beidem, wird es dann ein Gartenfoto?

Welche Empfindungen entwickeln sich bei mir beim Betrachten eines solch schönen Gartenabbilds? Es ist weniger der brennende Wunsch: »Das muss ich auch haben!« Vielmehr ist es die Sehnsucht: »Hier möchte ich jetzt sein!« Alles möchte ich spüren, was ich zu sehen glaube: den Tau fühlen, den krächzenden Vogel hören, den Wind säuseln, das Brummen der ersten Hummel erahnen, bereits schon einen Hauch von Rosenduft erschnuppern. Die Wirklichkeit ist eine andere: Es stinkt vom nachbarlichen Bauern aus dessen Schweinestall. Die nahe Straße wird morgens immer sehr laut befahren. Als unangenehme Beigabe ist in der Nähe noch eine Stromwindmühle aufgebaut, die einen regelmäßigen Schlagschatten in den Garten wirft. Im Hintergrund säuselt ohne Unterbrechung das monotone Geräusch der Autobahn. Das Foto in seiner inneren Ruhe und im Sezieren der optisch schönsten Seiten des Gartens gibt häufig ein befriedigenderes Gefühl als die tatsächliche Situation. Wie vielleicht das Lesen einer Speisekarte ein größerer Genuss bei Phantasievollen sein kann als die Speise selbst. Beim Lesen explodieren dem Feinschmecker gewaltige Geschmacksknospen, was das tatsächlich Servierte nicht immer erreicht. So wie der Vorgeschmack sich bei der Karte und das gärtnerische Wohlbehagen sich bei den Fotos entwickeln, so sind es doch immer nur Auslöser dessen, was sich an Wünschen in unserem Kopf vollzieht.

Die gärtnerische Naturempfindung hat nichts mehr mit Ackerbau und Ertrag zu tun. Wir verstehen darunter eine Schönheitsfrage. Und bei einer Schönheit kommt es nicht unbedingt auf die Dimension, sondern auf die Konzentration, auf einen ästhetischen Ausdruck an. Das kann ein Schattenspiel in einer Parkanlage sein, das kann ebenso ein Sonnenaufgang über den noch nachfeuchten Blüten des Blumenkastens auf der Fensterbank sein. Gartengeschmack hat nichts mit Reichtum zu tun, sondern mit sehen und empfinden können.

So wird sogar verständlich, wenn wir auf frisch geharkte Kiesflächen starren und in den Mustern dort in uns eine Gartenwelt entstehen lassen, soweit wir den Willen zur meditativen Phantasie haben. Durch die Entleerung des Bilds öffnen sich die Möglichkeiten unserer Empfindungen in unbegrenzter Weise. Vielfalt braucht man nicht immer, um Gartenglück zu erleben. Noch nicht mal einen Garten selbst.

Die Fachkraft

Ich mähe meinen Rasen selbst, ich gieße meine Geranien persönlich, ich fege die Einfahrt mit eigener Hand. Jüngst galt es jedoch, einen Obstbaum zu beschneiden. Und da wollte ich doch lieber den Fachmann ranlassen.

Es handelte sich um einen mit dem Grundstück übernommenen vierzigjährigen Apfelbaum; die Krone wirr verwachsen, fast wie ein Vogelnest. Wohl wegen dieses Wildwuchses trug er alljährlich nur vier oder fünf spärliche Äpfelchen. In den alten Zeiten dagegen kochte die Vorbesitzerin Unmengen von Apfelmus, belegte große Kuchenbleche, fütterte die Nachbarskinder mit Äpfeln groß. Diese paradiesischen Zustände sollten nach einem fachmännischen Baumschnitt wiederkehren.

Obst- und Gartenbauverein, Unterabteilung Pomologie, Spezialkraft Huber; das war die Reihenfolge. Herr Huber kam am letzten Montag in aller Frühe. In seinem Transporter lagen Werkzeug, Spezialgerät, technische Gegenstände, nie gesehene chirurgische Utensilien, Bänder, Jutestricke, Ampullen, Handsägen. Vor allem: keine Motorsäge in Sicht. Gott sei Dank hatte ich offenbar einen Fachmann gefunden, in dem sich Kompetenz mit Sensibilität vereinte. Das Auto wurde ausgepackt, alle

Gerätschaften sorgsam nebeneinander auf den Rasen gebettet. Punkt acht Uhr schließlich war Herr Huber einsatzbereit.

Es begann mit einer kleinen theoretischen Einführung speziell für mich. Ein Apfelbaum sei so zu beschneiden, dass man einen Hut durch die Krone werfen könne. Daneben fordere die einschlägige Fachliteratur eine bestimmte Gradstellung der Äste zum Stamm und das Führen von Saftströmen in absinkende Astpartien.

Nach diesen theoretischen Präliminarien stellte Herr Huber die Leiter an und verschwand in der immer noch wirren Krone. Ich zog mich respektvoll zurück und näherte mich erst um zehn Uhr wieder mit Tablett und Tee. In der immer noch dichten Baumkrone war nichts von Herrn Huber zu sehen; allerdings fiel dann und wann ein Holzschnipsel aus der Krone auf einen unmerklich, aber stetig wachsenden Holzschnipselberg. Auf mein leises Klirren mit der Teetasse hin sprang jedoch Herr Huber elastisch aus der Krone und erklärte mir beim Tee, sein erster Arbeitsgang bestehe darin, die nach innen führenden, fruchtbildenden Knospen abzuknipsen. Leider habe mein Baum besonders viele dieser Fehltriebe, doch habe er schon gut die Hälfte abgeknipst.

Zu Mittag zog ich erneut mit einer angemessenen Stärkung auf dem Tablett heran. Tatsächlich war die Knospenkorrektur fast beendet. Nach dem Imbiss inspizierte Herr Huber fachmännischen Auges die Wasserschosse der vergangenen Jahre, um sie in den neuen Kronenaufbau einzuplanen. Mit ungebrochenem Vertrauen ließ ich den Fachmann weiter walten.

Am Nachmittag fielen noch einzelne Holzpartikel, auch in

den von mir kredenzten Endspurt-Kaffee. Meine Hoffnung auf ein baldiges Ende von Herrn Hubers Einsatz erwies sich zwar als verfrüht, aber ich bin nun mal kein Pomologe. Denn nach der – erfolgreichen – Wasserschossen-Operation erklärte mir Herr Huber, das Wachstum meines Apfelbaums sei dramatisch gestört, weswegen dringlichst das gesamt Wurzelumfeld aktiviert werden müsse, um in Zukunft noch schlimmeren Fehlwuchs zu verhindern. Das sei aber durchaus noch an diesem Tag machbar. Was konnte ich als Laie und Apfelbaumliebhaber dagegen einwenden? Am Abend umrahmten dreißig Blechdosen die Baumscheibe, aus denen dreißig Kanülen eine violette Flüssigkeit in dreißig eigens vom Herr Huber gestochene Löcher abgaben. Herr Huber verließ mich mit der Aufmunterung, in ein bis zwei Tagen sei der Wurzelbereich saniert. Ich nickte schwach, fast erschlagen von solchem Fachverstand.

Am Dienstagmorgen stand der Transporter pünktlich in der Einfahrt. Im Innern des Autos saß fast begraben von Plastikbahnen Herr Huber. Dank meines schnellen Eingreifens stand er in wenigen Minuten an der frischen Luft und konnte mir helfen, die Plastikmassen herauszuzerren. Danach hatte er wieder genug Luft für Theorie Teil II: Zur Grundgesundung eines Baums gehöre, ihn mit einem pH-neutralen Gasmedium zu umgeben, das die Entwicklung von Pilzen, Flechten und anderem Schädlichen hemme. Darüber aktiviere das Gas die eigenen Wachstumskräfte des Baums. Kurz: Ohne eine solche Vitalisierungskur habe mein Apfelbaum keine Zukunft. Selbstverständlich sei das Gas höchst ökologisch hergestellt und bienenfreundlich. Was konnte ich noch einwenden? Wir umhüllten den Baum in nur zwei Stunden mit den Plastikplanen. Ein Nachbar rief an und fragte scherzend, ob ich Besuch von dem berühmten Verpacker mit seiner rothaarigen Frau habe.

Nach dem Tee klebte Herr Huber alle noch vorhandenen Ritzen oder Öffnungen sorgfältig ab, verband zwei Kanister mit einem Rohr und verlängerte dieses in die plastikverpackte Baumkrone. Während das Gas leise die Riesentüte zum Ballon blähte, servierte ich Lamm mit grünen Bohnen, was mir nach dem morgendlichen Kraftakt Herrn Hubers angemessen schien. Nach dem Lamm entfernte Herr Huber flink das Rohr und verklebte die Zuleitungsöffnung. Das Gas musste zwölf Stunden einwirken.

Meine sacht aufkeimende Hoffnung auf zwölf Stunden ohne Herrn Huber erfüllte sich nicht. Herr Huber stieg keineswegs in seinen Wagen, sondern machte sich daran, die – nicht umhüllte – Rinde des Baumstamms zu behandeln. Bekanntermaßen nisten sich dort leicht Viren, Sporen, Bakterien, Läuse, Maden und anderes Grauseliges ein. Diese Unterschlupfmöglichkeiten mussten entfernt werden. Das leuchtete mir ein. Mit Spezialschabern und -bürsten ging Herr Huber frisch ans Werk und überreichte mir den Abrieb in einem Sondersack zur baldigen Verbrennung. Beim Gedanken daran, welches Getier ich über Jahre hinweg durchgefüttert hatte, stellten sich mir die Nackenhaare auf. Natürlich war ich Herrn Huber immer noch dankbar, aber doch zunehmend irritiert, weil er bis zum Abend erst eine Seite des Stamms gereinigt hatte.

Also brachte der Mittwochmorgen erneut Herrn Huber. Noch am Steuer überreichte ich ihm eine Tasse strammen Kaffee zum Anwärmen des Arbeitseifers, der auch umgehend seine Wirkung tat. Noch am Vormittag – vor der Teepause – war der Baum wieder hüllenlos. Nach außen schien er mir nicht verändert, aber: »Auch und gerade bei Bäumen kommt es auf die inneren Werte an« (O-Ton Huber). Flink wurde der Reststamm gesäubert, und schon brach der Mittag an mit Schnitzel, Salatplatte, Kartöffelchen. Auf meine beiläufige Bemerkung, am Abend sei wohl alles geschafft, erwiderte Herr Huber nahezu entrüstet: »Warum schleppe ich wohl Sägen und Raspeln hierher?« Nach dem Kaffee zu trockenen Kuchenteilen näherte er sich den auf dem Rasen ausgebreiteten Gerätschaften. Drei Bügelsägen wurden fachmännisch begradigt, geschliffen, geölt, gespannt. Der Tag ging zur Neige. Alles war parat für die Sägung am folgenden Tag.

Transporter im donnerstäglichen Morgengrauen – grauenhaft inzwischen auch mein Gemütszustand. Im Traum hatte mir Herr Huber vertausendfacht aus allen Zweigen meines Baums mit Äpfelchen zugewunken. In der morgendlichen Realität sägte er bis zum Tee (einem billigen Gebräu eines harten Assam). Die Krone lichtete sich, wirkte weniger vogelnestartig. Nach der mittäglichen Linsensuppe aus der Dose, gegen die er keinen Widerspruch einlegte, hörte ich sanftes Ritschen und dumpfes Ratschen. Zart flockte Sägestaub aus der Krone auf den immer hölzerner aussehenden Rasen. Kaffeezeit! Beim Bäcker hatte ich ein Teilchen vom vorigen Tag zum halben Preis erstanden. Herrn Hubers Blick schweifte vom Teilchen zur Krone, wohl zur Schlussinspektion. Ich fand das Erreichte gelungen, vor allem im Blick auf den theoretisch vorgesehenen Hutwurf. Selbst ein

Jumbo-Jet konnte mit Glück ohne Astberührung durch die Krone segeln

Das Werk war vollbracht. Schien mir wenigstens. Herrn Hubers Blick schweifte von der Krone zurück zu mir und er sprach theoretisch, aber eindringlich von Fruchtholz, notwendiger Entwicklung der nächsten zwei, drei Vegetationsperioden, Winterfestigkeit, Kraftflusserstarrung und ähnlichen ernsthaften Problemen. Als er endete, war ich meinerseits kraftflusslos erstarrt und Herr Huber bog bis zum Abend pausenlos (ich war nicht mehr zum Servieren im Stande) Äste und Zweige in abstruseste Richtungen und fixierte sie mit Kokosbändern. Ich bin recht belesen, weiß, dass es Sado-Maso-Lüste gibt, aber dieser gefesselte Baum tat mir nur noch leid.

Vor der Abfahrt legte mir Herr Huber eine Abrechnung vor, die ich als vermeintliche Endrechnung in die Kochschürze steckte. Offenbar war die Rechnung aber nur der erste Abschlag, denn am Freitagmorgen bog der Wagen zur gewohnten Morgenstunde in die Einfahrt. Es war nämlich bei Weitem noch nicht alles fertig.

Herr Huber belehrte mich, durch den wegen der geänderten Größenverhältnisse zwischen Krone und Wurzel zu erwartenden Saftstromanstieg entstehe ein solcher Innendruck auf Äste und Stamm, dass die Rinde platzen müsse. Die verheerenden Folgen für meinen armen Apfelbaum waren selbst für mich Laien einsichtig: offene Wunden, eindringende Pilze, kurz: Katastrophe. Zum Glück stand der Fachmann bereit, dieses Szenario durch eine rechtzeitige Kanalisation der Strömungskräfte zu verhindern.

Herr Huber zauberte zwei blitzende Schmiedemesser hervor und erklärte mir die Schröpfungsschnitte am Apfelbaum im Allgemeinen und bei meinem Apfelbaum im Besonderen. Sein Vortrag wurde extrem medizinisch-technisch und überstieg mein chirurgisches Verständnis. Ich rief als Entscheidungshilfe meinen Zahnarztfreund an, der auch ohne Zögern (es gibt noch wahre Freunde!) seinen Behandlungsstuhl im Stich ließ und in meinen Garten eilte.

Die Herren fachsimpelten bis zum Mittag, während ich aufgab, irgendetwas verstehen zu wollen, und mich um Kartoffelpuffer mit Zwiebelringen kümmerte. Die beiden einigten sich darauf, dass Herr Huber zunächst mit der Spitzenreduktion des Wurzelwerks beginnen solle. Das rege das Wachstum auf verträgliche Weise an, besonders wenn man die Schnittwunden mit japanischer Wuchstinktur bepinsele. Herr Huber – wohl meine Seelenlage durchaus nicht ignorierend – schlug mir vor, ich könne gleich mit den Grabearbeiten beginnen, damit die Prozedur am nächsten Tag umso schneller beendet sei. Er werde meinem Apfelbaum seinen Samstagvormittag opfern. Und nächste Woche bleibe dann nur noch, den Stamm zu bohnern mit einem aus den USA importierten Wildbienenwachs, gewonnen von einem fast ausgestorbenen Indianerstamm. Zusätzlich schlug Herr Huber vor, beim nächsten Vollmond (Nachtzuschlag!) Glückskarten in die Krone zu hängen

Herr Huber kann sich freuen, dass ich gut zu Menschen bin. Aber wenn alles vorbei ist, säge ich den Apfelbaum ab, eigenhändig und fachgerecht. Und danach mache ich mir ein Holzfällersteak.

Veredelung

Meine Frau hat vor neun Jahren irgendwo in Italien romantisch am Strande gesessen und sich von einem Pizzajüngling auch eine Apfelsine entschälen lassen. Das muss so wunderschön gewesen sein, dass sie als Erinnerung die Kerne aufbewahrte und diese in einem Prozess voll temperierter Liebesglut zum Keimen und zum Wachsen kitzelte. Nun haben wir den Salat, sprich vierzehn Apfelsinenbäumchen. Sie wachsen stürmisch in Höhe und Breite, wackeln mit großen dunkelgrünen Blättern, riechen nicht schlecht, sind frei von jeglichem Ungeziefer und sehen einfach so gut aus wie italienische Jünglinge in ihren grünsten Jahren. Was wir jedoch vermissen, das sind die Blüten. Was wir jedoch noch mehr entbehren, das sind die Früchte. Diese dürften auch kleiner, sie müssen auch nicht immer vollreif sein. Und wenn sie zu viele Kerne hätten, dann könnten wir die Apfelsinen ja auspressen.

Ich bin innerlich natürlich gespalten, ob ich meiner Frau wirklich zu diesem Apfelsinenglück verhelfen sollte; denn es gibt noch bittere Momente der Erinnerung. Aber wie es wohl gelingen könnte, das weiß ich als Mensch der heutige Zeit genau: Veredelung ist hier das entscheidende Wort. Von einer Zitrussammlerin besorge ich uns Zweiglein von bereits veredelten Büschen: Zitronen, grünlichen Zitrusfrüchten, säuerlichem Schalenobst, bitteren Dingern, die aus der Familie der Pampelmusen stammen sollen. Mit einigen Fachbüchern, speziellen Messerchen, Bast und Balsam beginne ich das Werk, auf den bisher nur gewachsenen Bäumen nun fruchttragende Zweiglein zu applizieren. Dabei hoffe ich, dass die sauersten am besten anwachsen. Man kann vollständig vernachlässigen, irgendeine Beratung in einem Gartencenter über diesen Veredlungsakt zu bekommen. Die Leute dort wollen nur verkaufen und lassen einen mit den wirklich wichtigen Fragen im Stich. Mit Internet und vielen Anschauungsbildern, einem gefährlichen Schnitt in meine Hand und ständigem Vergleich zwischen Vorgaben und meinem Tun gelingt es.

Von vierzehn Veredlungen machen sieben sehr zeitig schlapp, vier mickern beinahe welk vor sich hin. Jedoch müssen drei es gepackt haben; denn sie glänzen in saftigem Grün. Sogar eine Blüte habe ich heil übertragen können und versuche mit einem Pinsel einen Bestäubungsakt mit einer fremden Blüte. So sieht ein Erfolg aus! Nur noch eine kleine Weile: Meine Frau erlebt dann ihren sauersten Moment! Vielleicht nicht am Muttertag, eher am süßen Hochzeitstag.

Die Qual mit dem wahren Maß

Wer noch unsicher ist bei der Gartengestaltung, und das ist eigentlich jeder selbstkritische Gärtner, der tut sehr gut daran, sich bei der Anlage seines persönlichen grünen Paradieses an Gesetzmäßigkeiten zu orientieren, die ihm vom Haus und dessen Räumen her geläufig sind. Denn im Grunde ist ein Garten kaum etwas anderes als ein großer Raum, zuweilen in einzelne Zimmer unterteilt. Was in Ersterem die Wände, sind hier die Garage des Nachbarn, eine Strauchreihe, eine Spalierwand, der Zaun, ein Baum mit hängenden Ästen. Entsprechend kann ein neuer Gartenraum durch vielfältige Elemente gebildet werden. Camera verde – das grüne Zimmer der Italiener – besteht ringsum vorrangig aus Hecken. Das muss aber nicht grundsätzlich so sein. Räumliches Gefühl entsteht durch jede Art von Grenzen. Wie im Innenbereich kommt es allerdings auch im Garten auf das richtige Maß an. Denkt man zum Beispiel an eine kleine Speisekammer, bei der eine Deckenhöhe von zwei Meter fünfzig fast kathedralhaft wirkt, während genau dasselbe Maß in einem Vierzig-Quadratmeter-Wohnraum beinahe schon so etwas wie Beklemmung auslösen kann. Entscheidend ist also das harmonische Verhältnis zwischen Grundfläche und Höhe, um einen

Raum angenehm zu empfinden. Wenn in einem alten Haus, wie bei einer guten Freundin von mir, mit Wagemut durch den Abriss der trennenden Wand aus zwei Räumen plötzlich ein einziger entsteht, so kann die erwünschte Großzügigkeit durch die neu empfundene relativ niedrige Deckenhöhe unter Umständen sehr überraschend ins Gegenteil umschlagen.

Was allerdings das rechte Maß ist, daran muss man sich auch im Garten mit Fingerspitzengefühl herantasten. Zumindest kann man schon einmal ausschließen, dass ein Hundert-Quadratmeter-Platz mit fünfzehn Meter hohen Buchen (und ausgewachsene Buchen können sogar fast doppelt so hoch werden) wirklich behaglich ist. Ein ebenso großer Platz mit einer Zwanzig-Zentimeter-Buxus-Umrandung dürfte dagegen schwerlich als Raum empfunden werden. Sowohl das zu Große als auch das allzu Zaghafte können unmäßig sein. Auf Anhieb die richtige Entscheidung trifft allerdings in der Regel ein von Mutter Natur persönlich Geküsster. Üblicherweise lässt sich der Neuling im Garten zunächst eher von den eigenen Vorstellungen (mit Größenwahn oder Platzangst) leiten, denn von der Realität. Wenn bei der Neuplanung eines Gartens der Raum, beispielsweise durch die bewusste Garagenwand des Nachbarn, als unabänderliche Größe vorgegeben ist, kann der zu schaffende Ort hinsichtlich der Umgebungshöhe und der Gesamtfläche kaum beliebig sein.

Gibt es nicht auch für Räume einen so genannten »Goldenen Schnitt«, das Idealmaß, nach dem Schöngeister der Antike und der Renaissance gestaltet haben? Eine Strecke teilt sich danach in einem Verhältnis, das dem Verhältnis der Gesamtstrecke zur längeren Teilstrecke entspricht. Schon bei der Fragestellung taucht die nächste Schwierigkeit auf, nämlich dass es einen großen Unterschied macht, ob man einen Garten in der Aufsicht eines Planes oder als Winzling Mensch quasi aus der Froschperspektive betrachtet. Es ist wie im wirklichen Leben: Auch im Grünen gibt es keine allein seligmachende Regeln. Bei der Neugestaltung eines Gartens und der zu schaffenden Räume entsteht zu guter Letzt auch noch das Problem, dass wir es nicht mit festen Wänden zu tun haben, die unabänderlich sind und bleiben, sondern fast immer mit Materialien, die in Bewegung sind, und zwar sowohl nach oben als auch seitwärts. Die große Kunst besteht darin, Verhältnisse zu schaffen, die in einer Anfangsphase hinnehmbar, in der Phase des Heranwachsens auf dem Höhepunkt und in der Phase der Reifung schließlich irgendwie zu zügeln sind, dass der Gestaltungswille noch in etwa die Situation vorfindet, die geplant war. Dies kann beispielsweise dadurch erreicht werden, dass man plant, jede zweite Pflanze nach zehn Jahren abzusägen. Oder man plant, die Dichte zu kultivieren, indem man zum Beispiel den ersten Busch stark tiefer stutzt, den danebenstehenden Baum aber hochastet – und so möglicherweise im Rhythmus damit verfährt.

Sich zu orientieren, in welcher Zeit in etwa ein Gewächs wie groß werden kann, ist deshalb schon sehr wichtig bei der Planerei. Und selbst diese Vorsorge bietet keine Garantie für das Gelingen: Denn wer weiß schon, wie gut was wächst? Es bleibt also ein Abenteuer und somit spannend. Im Nachhinein mögen diese Ausführungen reichlich frustrierend sein, so als müsste man zunächst einen Probegarten anlegen, um sein Gefühl zu entwickeln. Mein Rat: Betrachten Sie alles als großes Spiel und lehnen sich an das an, was einen tiefen Eindruck auf Sie gemacht macht. Mit den Augen zu wandern ist der erste Schritt. Mit den Augen zu stehlen und dann selbst zu verwirklichen, ist noch wichtiger.

Wenn Gardening zur Besessenheit wird

Einen Gartentherapeuten, gibt es denn solch ein Segen bringendes Wesen? Die weite Welt des Gartenwesens hat häufig mit Zuständen zu tun, die auf der Verstandesebene nicht mehr gefasst werden können. Hier böte sich ein weites Heilungsfeld an.

Ich hatte neulich eine sehr freundliche Begegnung mit einer Dame, die am Unterschenkel eine besonders auffällige Narbe zeigte. Sie wie zufällig darauf anzusprechen, war schon eine diplomatische Kunstfertigkeit. Heraus kam dann, dass dieses Zeichen eine Verletzung war vom Überklettern der Detmolder Zäune ums dortige Freilichtmuseum, das an einem Frühlingsabend unwiderstehlich mit duftenden Fliederwolken lockte. Anstatt im Flieder zu versinken, erlebte sie dann beinah eine Notoperation. Seit fünfzehn Jahren denkt sie nun an die verpassten Glücksmomente, das sagt sie. Ich aber bin sicher, dass sie sich damals das bisschen Schmerz abgeschüttelt und sich zunächst auf den Genuss des Flieders konzentriert hatte. Die Dame ist in ihrer Gartensucht ein klarer Fall für eine Spezial-Therapie.

Im botanischen Garten einen Zweig zu klauen, um ihn dann zur Veredelung einzusetzen: Ist das schon ein krimineller Akt?

Oder aus einem Apfelkern ein Apfelbäumchen zu ziehen, das wiederum von dem Urzüchter sortengeschützt ist, ist das ein wirkliches Vergehen? Müssen wir uns dabei mit Skupeln und schlechtem Gewissen befassen? Möglicherweise rauben Millionen von Menschen unverfolgt Musik aus dem Internet ... wie der Zufall es aber will: Uns packt man wegen unseres Apfelkernbäumchens ins Gefängnis. Dort behandelt uns der psychologische Dienst wegen Naturvergehens.

Städtische Grünanlagen sind häufig nicht lange nett anzusehen, weil nachts und in weiteren uneinsichtigen Stunden wirkliche Grabekünstler Tulpen, Stauden und weitere edle Gewächse ausbuddeln und nach Hause verfrachten. In Zeiten der aufweichenden Moral, in der fast jeder Mitarbeiter seine Privattelefonate vom Firmentelefon erledigt, Internetaktionen vom Firmenrechner und ähnliche Normalitäten betreibt, ist die Grenze zum Verwerflichen beim Ernten eines Blumenstraußes aus öffentlichen Anlagen auch nicht mehr recht sichtbar.

In Schleswig-Holstein war aber vor ungefähr zehn Jahren ein grauenvoller Umgang bekannt geworden, der weit über alle Hobby-Ausgrabungen hinausging: Aus vielen Gärten des Landes verschwanden selbst riesige Hortensienbüsche. Das müssen eher Hunderte als einzelne gewesen sein. Keiner hat je erfahren, warum jemand so wild auf Hortensien aus war, ob dieser Jemand vielleicht unbekannte Heilkräfte der Pflanzen für sich brauchte, eine gefährliche Hortensienphobie hatte oder einen unbezwingbaren Hass auf die *Hydrangea,* vielleicht weil er aus der freiwilligen Feuerwehr ausgeschlossen worden war. Ein Hortensienverwirrter, der zum Gartentherapeuten muss?

Man hat auch schon gehört, dass ganze Bäume ausgegraben und abtransportiert wurden. Das was rechtlich und im Immobiliensinne fest mit dem Boden verankert und verwurzelt ist, ist noch längst nicht unbeweglich. Kauft jemand ein Haus mit einem schönen Garten, so kann man heutzutage nicht sicher sein, beim Einzug eventuell rundherum nur noch eine Wüstenei vorzufinden, weil die schönsten Pflanzenexemplare fehlen (seine Kinder lässt man ja auch nicht zurück).

Der Triumph des Willens zusammen mit der Spezialausrüstung moderner Technik machen aus dem Versetzen von Pflanzen und Bäumen scheinbar so etwas wie ein Kinderspiel. Und das kann auch über Nacht aus einem Vorgarten sein. Vor 150 Jahren hat es uns Fürst Pückler vorgemacht und bereits schon Giganten an blühenden Kastanienbäumen umgesetzt. So können wir uns heutzutage an ganz andere Dinge wagen. Der Rollrasen hilft uns dabei, alles Neugepflanzte binnen Minuten wie ewig dazugehörig vorzugaukeln. Im umgekehrten Falle ist es fast schon fester Brauch, dass bei Einzug auf ein Grundstück zunächst erst einmal in einer Mischung aus Besitzerdrang und Kastrationsfreibrief der möglichst größte Baum vom Neubesitzer gefällt wird. Argumentiert wird mit den fadenscheinigen Hinweisen, der Baum unterwurzele das Fundament, er sei vom Kern her krank und eine Gefahr bei Sturm und so weiter ... Gemeint ist aber eher: »Ich werd' schon zeigen, wer hier der Herr des Grundstücks ist.« Ein Fall für den Therapeuten.

In der Gartenwelt war das Übertrieben-Bizarre immer anzutreffen. Nur haben sich im Laufe der Geschichte Blickwinkel und Sonder-Vorlieben verändert. Verrückt waren die Verhältnisse auch in scheinbar heiler alter Zeit: Bei höfischen Anlagen, aber auch beim Großbürgertum des 19. Jahrhunderts, war es eher die Regel als die Ausnahme, dass für die Gartenlage mehr Geld verbraucht wurde als für das Gebäude. Dieser finanzielle Aufwand ist heute kaum noch nachzuempfinden. Der Gartenfreund würde als nahezu verrückt angesehen. Dafür ist es in unserer Zeit genau andersherum: Erneuert ein Hausbesitzer Heizung und Dach, so ist die Bewertungsgrundlage des Objekts gleich positiver. Vergräbt der Gärtner aber für das gleiche Geld Zwiebeln und Gehölze in dem Grundstück, wird anders als zuvor keine Raiffeisenbank oder Sparkasse den Hypothekenwert auch nur um einen Deut ändern: Irrsinn.

Der Garten hat keinen Wert und keinen Bemessungsmaßstab in barer Münze. Somit betreiben heutzutage mehr oder weniger nur solche Leute ernsthafte Gartenaufwendungen, die nicht ganz gescheit sein können. Ich kenne in diesem Zusammenhang einen besonders Unvernünftigen, der bei all seinen Häusern versucht, die Häuser seiner Nachbarn, ob nun an der Elbchaussee oder auf Sylt aufzukaufen und dann sogleich abzureißen, um mehr Luft für sich und seine Bäume zu schaffen. Dieser Mensch ist hochgradig erkrankt, wohl unrettbar verloren.

Verrückt kann man auch im Kleinen sein, wenn man alle Fensterbänke, Tische und Plätzchen im zeitigen Frühjahr mit Sämereien zum Treiben vollpflastert, begleitet von einem stets Zuviel, fast immer mit modrigem Geruch behaftet, stets mit Antriebsdruck der Wässerung und zur Pflege, oft dann ersoffen oder verdörrt. Und selbst wenn es glückt, dann leider nie zum rechten Zeitpunkt. Ob es wirklich klappt, ist eher mit Glück als mit Können verbunden. Man darf keinesfalls nervös darüber werden, sonst sollte man sofort einen Eiltermin beim Gartentherapeuten machen. Gibt es überhaupt noch irgendeinen Gärtnersmenschen, der nicht therapiert werden müsste? Hat Garten irgendetwas mit Vernunft zu tun?

Der Winter im Garten

Wenn der Winter ideal ist, hat er etwas Beglückendes. Er kündigt sich an mit Frost. Raureif ummantelt nun alles, was sich zur Ruhe begeben hat. Häufig war nach dem Herbst vieles im Garten nicht mehr wohlgestaltet. Nun ist es mit einer Zuckerkruste glitzernd veredelt. Diese spezielle Schönheit finden wir Feinschmecker in der Natur nur in diesen Wintertagen. Wenn es sie nicht gäbe, so müssten wir sie neu erfinden, um sie nicht zu vermissen. Äste, Zweiglein, dürre Gräser haben ihr Bodennahes verloren. Gestaltet von Feuchtigkeit, Kälte und Luft streben sie im Wintersonnenlicht direkt in den Himmel hinein. Auch wenn es manchmal nur Minutenerlebnisse sind: Die Natur wird im Winter in eine erdferne Dimension versetzt. Jedoch wird es uns ebensowenig gelingen, sie festzuhalten wie eine Welle im See ruhig stehen zu lassen. Genießen wir also den Augenblick. Und das in vollen, winterlichen Zügen.

Unsere Winter sind nicht mehr die Bilderbuchwinter alter Zeit. Damals konnte man zuverlässig von Dezember bis März mit einer dicken Schneelage rechnen. Weihnachten im Schnee war ein Geschenk in doppelter Weise, eines von der Winternatur, eines von der Glaubenskultur. Wobei eigentlich mit hellem

Menschenverstand nie davon ausgegangen wurde, dass in fernen Breitengraden die Geburt des Gottessohns mit einer dicken Schneepackung begleitet gewesen war. Wir wünschen den Schnee, weil er mit einer vornehmen Dezenz alles mild und diskret abdeckt, selbst Geräusche abdämpft. Er verbirgt das Hässliche und gibt dem besonders Schönen neue Bescheidenheit zurück. Der Schnee ist ein versöhnlicher Gleichmacher. Der Schneewinter reduziert alles auf Proportion und Raummaß. Wir erkennen in dieser Einhüllung die Verhältnisse der Dinge zueinander in einem neuen kompositorisch-erhellenden Blick. Ein eingeschneiter Garten, ein weißer Park, eine weiße Landschaft zeigen uns in besonderer Klarheit, ob die Verhältnisse der Naturmassen in Unordnung oder Harmonie sind. Es gibt keine Ablenkung durch Details oder Buntheit.

Im Winter verwandeln sich die Gegenstände. Sie werden zu weißen Skulpturen, die das Auge neu fesseln können. Das, was im Sommer fad oder unschön war, kann sich zu einem prächtigen Blickpunkt entwickeln. In der weißen Jahreszeit zählen andere Qualitäten, die wir Sommer-Gärtner wenig beachtet haben. Wir hatten im Garten leicht die Furcht vor dem Bizarren, der exaltierten Form, der frechen Struktur. Der Winter schenkt uns jedoch diese angeblich gärtnerischen Untugenden im freien Spiel der Naturelemente. Es können plötzlich Zufallsergebnisse als optische Höhepunkte entstehen. Die Natur kann uns begeisternd überraschen: Aus einer Reihe ungleich gewachsener Buchsbaumkugeln entsteht durch eine Schneepackung eine beschwingte Drachenfigur. Eine elende und vergessene Wäschespinne wird zu einem asiatischen Traumgebilde. Zusammen mit der zugeschneiten Fichte, die die Kontur des Fudschijama hat, fühlen wir uns nach Japan versetzt. Der zehnjährige, altersschwache Sandkasten sieht nun verschneit nicht viel anders aus als eine keltische Opferstätte. Wir gewinnen mit dem Schnee Neues hinzu und können mit unserer Phantasie ungeahnte Seiten unseres Gartens erwandern. Durch die weiße Zauberdecke entwickeln sich Bilder alter Menschheitserfahrungen. Der Winter mit seinen speziellen Naturerscheinungen verschafft uns tiefes Gartenerleben. Derartig süchtig geworden auf den Schnee in der Natur bedenke ich ernsthaft eine Übersiedlung nach Grönland. Kennt jemand dort ein schönes Haus mit Garten?

Vorbereitung auf das Gartenjahr

Wir erleben drei Geschehnisse fast immer gleichzeitig: die dunkle Jahreszeit erbarmt sich unser und übergibt das Zepter den nunmehr länger werdenden Tagen. Falsch gehofft, wenn man meint, es würde mit mehr Helligkeit nun auch langsam wärmer, denn im Februar und März haben wir es häufig mit wahrer Hundekälte zu tun. Trotzdem orientiert sich unser Gärtnerherz eher am Sonnenstand und wird nervös.

Das ist die Zeit, in der besonders viele Gartenbücher gekauft werden, in Gartenillustrierten herumgeblättert und studiert, Wichtiges herausgerissen wird. In Gedanken richten wir uns bereits auf der Gartenliege unter dem Apfelbaum ein. Mit geistiger Kraft halluzinieren wir jetzt schon Petersilie, Mangold und Erbsen in das kleine Gemüsebeet und in den Kochtopf. So soll es werden! Auch müssen dieses Jahr Farne und großblättrige Stauden in dem feuchten Dunkel zwischen den Büschen stehen, genauso wie ich es auf Seite 47 der Novemberausgabe für uns entdeckte. Wenn erst einmal alles angewachsen ist, dann soll alles äußerst pflegeleicht sein. Wir erleben in Gedanken das Jahr schon einmal vorweg, vor allem die Wohltaten und alle Aspekte der Schönheit. Trotzdem ist es aber nicht allein so, dass nur

Gärtnerseelen auf Wanderschaft gehen. Wir sind Menschen mit planenden Gedanken und vor allem der Tat.

Mag die Erde noch so fest gefroren sein, wir vertrauen auf den alljährlichen Ablauf. Und so wird im Januar bereits der Blumensamen gekauft, die kleinen Umschläge von unseren persönlichen Samenraubzügen werden sortiert: An einigen sind die Zettelchen verloren – das werden Überraschungspflänzchen!

Die bunten Samentütchen als Ergebnis eines rauschartigen Spontankaufs und die vielen bunten Fotos in den Zeitungen zeigen uns aber sehr genau, wie es bald bei uns sein wird: einfach toll. Wir stellen jedoch in jedem Jahr bei unserer Aus-Sam-Aktion voller Überraschung fest: Es ist mächtig viel Samen für ein wohl mächtig gutes Gartenjahr.

Sehr früh stelle ich Anzuchtschalen auf, um bereits zeitig Ergebnisse zu sehen. Ich will nämlich im Frühjahr schon kleine sichtbare Pflanzen und kleine Sprößlinge haben – und keine Winzlinge. Also früh beginnen! Die gefüllten Schälchen, Tellerchen, Töpfchen stehen überall herum, mal prima krümelig und wie Samt schimmernd, mal matschig-schimmelig, weil ich die Feuchtigkeit nicht gut regulieren kann. Viel hilft nicht immer viel, sodass dann zeitig einiges meiner Versuche versoffen und verfault ist (und das ausgerechnet bei den Sämereien der kostbareren Gewächse). Oder Blattmassen quellen aus den Schalen und geben mir den Arbeitsdruck des Pikierens. Die übriggebliebenen Pflanzenkinder gehen bei mir in eine harte Schule; denn es sollen widerstandsfähige und gesunde Pflanzen werden. Leider ertränke ich viele davon beim späteren Aussetzen in Gottes freie Natur. Überraschenderweise verderben viele bei überfallartigen und unerwarteten Nachtfrösten. Wer hätte gedacht, dass für einigen Pflänzlein die lieblichen Frühlingswinde zu rauh sind?

Zu meiner Enttäuschung muss ich bemerken, dass meine Pflanzenvorbereitungen trotz großer Aktion nichts erreichen. Es tut mir richtig leid wegen dieser Mengen an Pflanzen, die auf der Strecke blieben. Nach diesem Massensterben werde ich wohl zukaufen müssen. Mal sehen, ob ich nach der Hauptpflanzzeit wie immer noch reduzierte Restposten bekomme.

Gartenvorbereitungen bedeuten üblicherweise, auch die Gartenmöbel fit für ein neues Gartenjahr zu machen. Und dies macht man dann, wenn die Möbel schön trocken sind durch die Lagerung. Jedoch sind nur mit Mühe und Not meine Bänke, Tische, Liegen im Herbst unter Dach gebracht worden. So findet sich kein Quadratmeter Platz mehr für das Schleifen, Imprägnieren und Nachlackieren vor dem Sommereinsatz. Der gute Wille scheitert nur an den räumlichen Möglichkeiten. Mein Nachbar, der ein kleines Geschäft betreibt, hat dazu immer den aufmunternden Spruch, dass der Handel auf Dauer ja auch etwas verdienen muss. Also ohne schlechtes Gewissen endet die Umsorgung der Gartenmöbel im Vorsatz, wenn überhaupt, dann im Sommer das Problem in Angriff zu nehmen.

In allen Büchern steht: Der Beschnitt von Pflanzen soll Luft für neues Wachstum schaffen. Aber muss denn das nun wirklich alle zwei Jahre sein? Beim letzten Male hatten wir derartig viel zu tun. Zwar war schnell geschnitten, aber äußerst langwierig gestaltete sich der Abtransport. Verhältnis 1:10. Wir entscheiden für uns, dass ein gewisser Wildwuchs dem Garten zusätzlichen Charme des Natürlichen, wenig Gekünstelten gibt, der

Garten also gewinnt! Unter Auslassung des Schnitts bereiten wir uns somit intensiv auf ein kreatives Wachstum vor. Man könnte im Sommer ja immer noch mal mit Korrekturschnitten nachhelfen. Ebenso verhält es sich mit den Rosen. Wenn man einmal genau darüber nachdenkt, muss derjenige doch verrückt sein, der ständig an seinen Rosen herumschnippelt. Wie soll dann aus dem immer kurzgehaltenen Geäst ein repräsentativer Busch werden, übervoll mit dicken Blüten? Wir entscheiden uns ganz bewusst, dass wir diesjährig größere Rosenstände haben wollen und halten uns mit jedem Schnitt zurück, mag es noch so im Finger jucken.

In früheren Zeiten, als man noch ernsthaft Gemüse aus dem Garten herauswirtschaftete, da muss laut meiner guten Gartenliteratur das Hacken, Bodenverbessern und Umgraben eine Hauptbeschäftigung im zeitigen Frühjahr gewesen sein. Ich habe grafische Zeichnungen, die genau die Abfolge jedes Spatenstichs und die Erdumschichtung erklären. Das ist sehr interessant. Die gründlicheren Gärtner graben mit einer holländischen Methode sogar zweigeschossig das Erdreich um. Kein Wunder, dass die Menschen früher kein Fitness-Studio kannten, die müssen ja nach dem Gartenwerkeln nahezu sanatoriumsreif gewesen sein. Ich kann mir mit meinem Rücken dieser Art von Wühlarbeit nicht erlauben, denn ich muss im Sportstudio einen guten Eindruck machen. Und darüberhinaus habe ich gelesen, dass die Mulchtechnik die Organismen und das Kleinleben viel intensiver fördern soll als das Graben. Ich kratze also mit einem so genannten Sauzahn in meinen Beeten umher und habe damit das Thema flugs bewältigt.

Die Terrasse wartet mit Sonnenflecken auf ihre Benutzung. Mein Nachbar hat ein Spritzgerät, das ist einzigartig. Jeder Stein wird damit sorgfältig saubergeputzt und zwar so heftig, dass kleine Teile davon durch die Luft fliegen. Wie lange wohl dieses Verfahren meine schon etwas älteren Platten aushalten? Schäden kann ich mir nicht erlauben, denn dann müsste ich ja nach wenigen Jahren wohl einen vollständig neuen Belag verlegen lassen. Ich lasse den Nachbarn weiterhin dort seinen Akt der Tiefenhygiene vornehmen, aber entscheide mich hier eher für ein Abfegen mit leichter Hand. Die Flecken von Moos, Flechten und Gebrauchsspuren sehen doch sehr lebendig-interessant aus. Anderswo wird ein Riesenaufwand betrieben, um durch Patinierung eine wärmere Atmosphäre zu schaffen: Hier habe ich diese Stimmung umsonst. Meine Vorbereitungen der Terrasse für das neue Gartenjahr erledigen sich so wie von selbst.

Der Rasenmäher müsste eigentlich zum Ölwechsel und mit neuer Zündkerze versorgt werden. Das jetzt schon im zeitigen Frühjahr machen, wenn im Juli immer die Sonderaktionen des Händlers sind? Die Schubkarre hatte im Herbst schon einen sehr schlaffen Eindruck auf dem dicken Reifen gemacht. Bei einem Griffbügel fehlt der Kunststoffschutz. Sollte ich noch etwas investieren in das alte Ding? Sie ist eigentlich vom Volumen her etwas zu klein für uns. Und meine Frau meinte, das Rad quietscht. Ich lasse alles beim Alten: Zu Ostern kaufe ich mir dann eine ordentliche.

Vorbereitungszeit ist die reine Erholungszeit. Ich habe kein Verständnis dafür, dass so viele immer so unnötig stöhnen. Wohl negative Grundhaltung?

Um keine Herzen zu brechen, weise ich darauf hin, dass sämtliche Ehefrauen, Edelfrauen, Gärtnerinnen und Gärtner, Nachbarn und Freunde vollständig frei erfunden sind. Ja, wahrscheinlich ist das ICH auch nicht mein Ich. Denn in Wirklichkeit ist alles noch viel bizarrer, als man es sich ausdenken kann.

Stephan Kirchner

Zum Autor

Stephan Kirchner, Kaufmann und Kunsthistoriker, hat vor Jahren die weißen Gartenbänke neu entdeckt und in seinen Geschäften neben anderen Gartendeko-Artikeln vertrieben. Seit ein paar Jahren konzentriert er sich auf die Gartengestaltung und das Schreiben von Kolumnen für *Elle décoration* und *Gartenträume*. Immer ist er Gartenenthusiast geblieben und lebt heute in München und am Chiemsee.

FSC
Mix
Produktgruppe aus vorbildlich bewirtschafteten Wäldern und anderen kontrollierten Herkünften
Zert.-Nr. GFA-COC-1262
www.fsc.org
© 1996 Forest Stewardship Council

Verlagsgruppe Random House FSC-DEU-0100
Das für dieses Buch verwendete FSC-zertifizierte Papier *Arctic The Volume*
liefert Arctic Paper Munkedals AB, Schweden

1. Auflage

Umschlaggestaltung: Klaus Meyer, München
Satz und Layout: Monika Pitterle/DVA
Gesetzt aus der Centaur MT und der FrutigerNext LT
Lithographie: Repro Ludwig, A-Zell am See
Druck und Bindung: Friedrich Pustet KG, Regensburg
Printed in Germany
ISBN 978-3-421-03709-1

www.dva.de